Tratado da Oração e da Meditação

Dados Internacionais de Catalogação na Publicação (CIP)
(Câmara Brasileira do Livro, SP, Brasil)

Alcântara, Pedro de, São, 1499-1562.
  Tratado da oração e da meditação / S. Pedro de Alcântara. 4. ed. – Petrópolis, RJ : Vozes, 2013.

11ª reimpressão, 2024.

ISBN 978-85-326-3572-3

1. Contemplação 2. Espiritualidade 3. Meditação 4. Oração I. Título.

07-6963 CDD-248.32

Índices para catálogo sistemático:

1. Oração : Espiritualidade : Cristianismo
       248.32

São Pedro de Alcântara

Tratado da Oração e da Meditação

Petrópolis

© desta tradução:
2007, Editora Vozes Ltda.
Rua Frei Luís, 100
25689-900 Petrópolis, RJ
www.vozes.com.br
Brasil

IMPRIMATUR
Por comissão especial do Exmo. e
Revmo. Sr. Dom Manuel Pedro da Cunha Cintra,
Bispo de Petrópolis. Fr. Lauro Ostermann, O.F.M.
Petrópolis, 10-8-1951.

Todos os direitos reservados. Nenhuma parte desta obra poderá ser
reproduzida ou transmitida por qualquer forma e/ou quaisquer meios
(eletrônico ou mecânico, incluindo fotocópia e gravação) ou arquivada em
qualquer sistema ou banco de dados sem permissão escrita da editora.

CONSELHO EDITORIAL

Diretor
Volney J. Berkenbrock

Editores
Aline dos Santos Carneiro
Edrian Josué Pasini
Marilac Loraine Oleniki
Welder Lancieri Marchini

Conselheiros
Elói Dionísio Piva
Francisco Morás
Gilberto Gonçalves Garcia
Ludovico Garmus
Teobaldo Heidemann

Secretário executivo
Leonardo A.R.T. dos Santos

PRODUÇÃO EDITORIAL

Aline L.R. de Barros
Marcelo Telles
Mirela de Oliveira
Otaviano M. Cunha
Rafael de Oliveira
Samuel Rezende
Vanessa Luz
Verônica M. Guedes

Conselho de projetos editoriais
Isabelle Theodora R.S. Martins
Luísa Ramos M. Lorenzi
Natália França
Priscilla A.F. Alves

Diagramação: AG.SR Desenv. Gráfico
Capa: Juliana Hannickel
Ilustração de capa: Cláudio Pastro

ISBN 978-85-326-3572-3

Este livro foi composto e impresso pela Editora Vozes Ltda.

Sumário

À guisa de prefácio, 9

Notícia biográfica sobre São Pedro de Alcântara, 13

Primeira parte – Tratado da Oração e da Meditação, 29

Capítulo I
Do fruto que se tira da oração e da meditação, 31

Capítulo II
Da matéria da meditação, 34

Segunda-feira, 35

Terça-feira, 38

Quarta-feira, 42

Quinta-feira, 46

Sexta-feira, 48

Sábado, 51

Domingo, 55

Capítulo III
Do tempo e fruto destas meditações sobreditas, 58

Capítulo IV
Das outras sete meditações da Sagrada Paixão e da maneira
que havemos de ter em meditá-la, 59

Segunda-feira, 61

Terça-feira, 64

Quarta-feira, 67

Quinta-feira, 71

Sexta-feira, 74

Sábado, 79

Domingo, 81

Capítulo V
De seis coisas que podem intervir no exercício da oração, 85

Capítulo VI
Da preparação que se requer para antes da oração, 87

Capítulo VII
Da leitura, 89

Capítulo VIII
Da meditação, 90

Capítulo IX
Da ação de graças, 91

Capítulo X
Do oferecimento, 93

Capítulo XI
Da petição, 95

Capítulo XII
De alguns avisos que se devem ter neste santo exercício, 101

Primeiro aviso, 101

Segundo aviso, 102

Terceiro aviso, 102

Quarto aviso, 103

Quinto aviso, 104

Sexto aviso, 105

Sétimo aviso, 106

Oitavo aviso, 107

Segunda parte – Tratado que fala da devoção, 111

Capítulo I
Que coisa seja a devoção, 113

Capítulo II
De nove coisas que ajudam a alcançar a devoção, 116

Capítulo III
De dez coisas que impedem a devoção, 118

Capítulo IV
Das tentações mais comuns que costumam fatigar os que se
dão à oração e seus remédios, 120

Primeiro aviso, 120

Segundo aviso, 122

Terceiro aviso, 122

Quarto aviso, 123

Quinto aviso, 123

Sexto aviso, 124

Sétimo aviso, 124

Oitavo aviso, 125

Nono aviso, 125

Capítulo V
De alguns avisos necessários para os que se dão à oração, 127

Primeiro aviso, 127

Segundo aviso, 129

Terceiro aviso, 130

Quarto aviso, 130

Quinto aviso, 130

Sexto aviso, 131

Sétimo aviso, 132

Oitavo aviso, 132

Breve introdução, 135

De três coisas que deve fazer quem quiser aproveitar muito
em pouco tempo, 140

À guisa de prefácio

Do excelente *Tratado da Oração e da Meditação* elaborado por aquele portento de penitência que foi São Pedro de Alcântara, conveniente é dizermos previamente alguma coisa que mostre ao leitor o seu mérito e utilidade, por forma a que da sua leitura tire a um tempo proveito e deleite.

Este livro, pequeno em tamanho, junta a um método elegante um secreto e celeste magistério – simples, preciso e sumamente atraente –, pelo qual a alma é revocada a si mesma pela via da oração e da meditação, e elevada até Deus. Admirável perspicácia patenteia-se nele em expor a doutrina da fé; nele se encontra tudo aquilo que possa facilmente conduzir a alma pela trilha da oração, seja qual for o estado a que Deus a haja chamado.

As meditações que no tratado deste santo homem são propostas são de tal arte que se acomodam à compreensão de qualquer um. Tratam das verdades capitais, que são da maior eficácia para a salvação. Põem ante os olhos de cada um a sua miséria e indignidade para que a alma se torne humilde e se confunda de pejo. Ensinam os tesouros da divina misericórdia, com o socorro dos quais deseje ela livrar-se dos males e se encha de justa esperança. Finalmente, explicam os mistérios de Jesus Cristo Deus e Homem, por cuja paixão determinou o Senhor fôssemos libertos, para que nos inflamemos do seu amor, e para que, do fervor concebido para com a sua sacratíssima humanidade, nos elevemos à contemplação da sua Divindade.

Por estes motivos claramente se percebe a razão por que, quando pela primeira vez o tratado composto pelo santo varão foi dado a conhecer, e impresso veio a lume (no ano 1548), tal e tanto desejo de si excitou em toda a Espanha católica, que em adquiri-lo não só populares, porém os próprios príncipes, mostraram um certo incrível interesse, crentes de que, lendo-o, como que da boca do próprio santo haveriam de ouvir palavras de salvação.

Principalmente, porém, percorreu este livro as mãos dos religiosos, que se aplicavam à perfeição, por meio do qual instruíssem os noviços, porque tão vigorosa, clarividente e excelentemente pelas regras do espírito ilumina ele a mente como igualmente inflama os afetos do coração.

Nem esse interesse diminuiu com o correr do tempo. Antes, em breve tempo, progrediu, de tal sorte que o Tratado da Oração de São Pedro de Alcântara foi vertido para quase todas as línguas europeias, e até para os idiomas chinês, japonês, índico e outros.

Porém, o argumento mais brilhante do mérito dele está em que por homens conspícuos na santidade e doutrina, e nas coisas espirituais egregiamente versados, tenha ele sido julgado digno de suma estima e louvor.

Com merecidos pregões de louvores é ele exaltado pelo dominicano Luís de Granada, por Luís da Ponte, SJ, por Santa Teresa de Jesus (Mansão 3), por São Francisco de Sales (livro 3, carta 4 e livro 2, carta 1) e por muitos outros (cf. P. João de S. Ant. Bibl. *Menores Descalços*, p. 207).

O santo Pontífice Urbano VIII, baixando o decreto sobre a revisão dos escritos dos Servos de Deus para introdução da causa da sua santificação, entre os primeiros aprovou este Tratado, com aplauso de todos. Gregório XV, na verdade, depois de acuradissimamente repetida a leitura dele, declarou: "Eficacíssima luz difundiu-se nele para levar as almas ao paraíso, porque a doutrina dele é celeste, e o Divino Espírito, que dirigia a pena deste santo, dá por toda parte singular indício da sua presença"; e esse mesmo pontífice não hesitou em honrar o autor com o título de "Doutor" e de "Mestre iluminado em teologia mística" e mandou pintar a imagem de São Pedro de Alcântara com o Espírito Santo em forma de pomba a lhe instilar nos ouvidos quando escrevia.

A estes documentos aditamos ainda um, o testemunho de uma mulher protestante, a saber, a célebre e douta rainha dos suecos, Maria Regina Cristina. A qual, convertida à religião católica e, abdicado o trono, tendo-se retirado para Roma, assim externou outrora o seu pensamento a um certo cardeal S.R.E.: "O livro de meditações do B. Pedro de Alcântara, embora mais breve do que todos os que me chegaram às mãos, é contudo o que por mais valioso tenho, pois nenhum outro produziu em mim aqueles afetos que ele em meu espírito produziu. Por ele parece-me que me esclareci no intelecto, me confirmei nas verdades católicas, e abrasei a vontade no amor de Deus. Ele é uma pérola que não tem preço porque em breves lições abrange sólidas verdades".

Finalmente, ninguém negará que redunda também em mérito deste livrinho, mérito que nenhum elogio iguala, o fato de, desde há séculos que ele foi composto pelo seu autor, inúmeras edições dele terem sido feitas e esgotadas, e, não obstante, outras terem sido empreendidas para satisfazer o contínuo desejo dos solicitantes.

Faça Deus que este Tratado, merecidamente chamado "Livrinho áureo", produza em vós, diletos irmãos, frutos opimos: são os nossos sinceros votos.

Notícia biográfica sobre
São Pedro de Alcântara

De Edite Machado

Um cancioneiro patrício compôs, há alguns anos, uma canção chamada *Minha terra*, cujas estrofes, de sabor patriótico, enalteciam com entusiasmo os primores do nosso "gigante pela própria natureza".

E a cantiga terminava assim: "Tudo isto é teu, ó meu Brasil, Deus quem te deu. Ele por certo é brasileiro, brasileiro como eu".

Sabemos, como sabe o trovador, que a sua conclusão de que Deus é brasileiro não está de acordo com a teologia. Seu pensamento foi apenas reconhecer, de um modo gentil, que o Senhor brindou a nossa pátria com grandes dádivas e derrama sobre ela continuamente suas bênçãos e favores.

Essa liberdade de Deus para conosco provém, em grande parte, dos ótimos serviços de uma embaixada celeste que incessantemente intercede pelo nosso país junto ao trono de Cristo Rei.

A embaixatriz do Brasil no céu é a Senhora da Conceição Aparecida, tão venerada pelos brasileiros.

E o nosso embaixador, quem será? Ah! O nosso embaixador! Não podia a Santa Sé arranjar-nos outro de maior valia, quando nos deu por padroeiro o glorioso São Pedro de Alcântara! Entretanto ele é para muitos um tesouro desconhecido. Mas quando alguém, porventura, encontra esse tesouro, sente a mesma alegria, o mesmo incontido entusiasmo de um descobridor ao avistar as terras de um mundo novo!

É para a excelsa figura do patrono do Brasil e titular da Catedral de Petrópolis que desejamos volver hoje o nosso pensamento, recordando alguns traços da sua vida tão cheia de perfeição.

A notícia biográfica que se segue é o resumo de um capítulo do livro *Auréola seráfica* do Pe. Leone, ex-provincial franciscano (4º volume, 1900).

Nasceu São Pedro em 1499, na cidade espanhola de Alcântara, que fica perto da fronteira com Portugal. Seu pai, Pedro Garavito, gentil-homem de alta linhagem e jurisconsulto ilustre, exercia o cargo de governador de Alcântara. Sua mãe, descendente de uma grande família da Espanha, não ficava aquém das virtudes e raras qualidades do marido.

Na escola de seus pais, Pedro atingiu desde cedo o senso das coisas divinas. Aos 6 anos gostava de rezar secretamente no oratório da casa.

Notava-se nele um natural suave e atraente, uma discrição superior à sua idade e, quando era contrariado em alguma coisa, nunca se irritava ou se afastava das regras da moderação. Nos estudos fez rápidos progressos e logo ultrapassou os condiscípulos. Fugia às brincadeiras comuns aos meninos da sua idade e gostava de conversar com homens graves, principalmente com religiosos, dos quais aprendia algo dos segredos da vida espiritual.

Procurava a solidão para aplicar-se à oração ou ao estudo. Sua piedade e virtudes irradiavam tal esplendor que o chamavam "o santo menino". Um dia um dos criados da família encontrou-o na igreja arrebatado em êxtase, e tão absorto em Deus que não foi possível fazê-lo voltar à vida exterior. Este sinal precoce de santidade foi ocasião de alegria para seus pais, sendo que o pai ordenou que para o futuro ninguém interrompesse o menino enquanto rezava, especialmente quando o vissem em êxtase.

Aos 14 anos entrou para a célebre Universidade de Salamanca, onde se aplicou aos estudos e aos exercícios de piedade, de caridade, de penitência e progrediu com maravilhosa rapidez nos estudos universitários e na ciência dos santos.

Nas suas orações fervorosas Deus lhe inspirou um sentimento vivíssimo da instabilidade das coisas do mundo e o desejo de abraçar a vida religiosa.

Em 1515, com 16 anos, Pedro Garavito entrou na Ordem de São Francisco de Assis. O Senhor, para mostrar-lhe o quanto lhe agradava ver Pedro afastado do mundo, realizou um prodígio: certa vez, voltando para o convento, foi levado no caminho pelas águas do Titar, engrossado pelas chuvas. Não vendo nenhum barco começou a rezar, e milagrosamente foi conduzido à outra margem.

Passou Pedro o noviciado no exercício de uma oração contínua, praticando a mais dura austeridade. Os rigores contra a sua pessoa tinham alguma coisa de prodigioso: seus sentidos eram guardados com uma sujeição absoluta; seu recolhimento era tão grande que, depois de um ano no convento, não sabia dizer se a igreja onde rezava todos os dias era em abóbada ou de teto forrado.

Poucos anos depois, tendo sido fundado um novo convento em Badajoz, o ministro provincial designou os religiosos que iam para essa fundação tendo à frente Frei Pedro de Alcântara, embora este não fosse ainda sacerdote. Apesar de ser o superior e o mais jovem, mostrou-se o mais humilde e o mais ativo; era visto cavando a terra, carregando materiais e dando animação aos operários.

Esmerava-se para que na nova casa fosse tudo conforme a santa pobreza franciscana; não aceitava esmolas senão em proporção com as necessidades do momento e mostrava-se contrário a todo supérfluo.

Guiava os religiosos com prudência, nada ordenava que ele não tivesse feito primeiro, censurando-os com mansidão e falava-lhes sempre com respeito.

Formados pelos seus santos ensinamentos e pelos seus exemplos de oração e penitência, os franciscanos daquele convento caminharam a passos largos para a perfeição e prestaram inúmeros serviços à Igreja e às almas.

Em 1524, com 25 anos de idade, foi o Servo de Deus ordenado sacerdote e, pouco depois, designado pregador. A partir desse momento, empregou toda a sua vida no ministério apostólico e no governo dos confrades. Era extraordinário como pregador de missões e confessor, e só de Deus é conhecido o bem enorme que ele fez àqueles que o procuravam, e quantos, por seu intermédio, acharam a paz da alma e se conservaram na graça de Deus.

Pode dizer-se que a virtude característica de São Pedro de Alcântara foi a penitência. Considerou o seu corpo como um inimigo que ele subjugou com um regime de ferro e com o qual nunca se reconciliou. Absorto continuamente na meditação dos sofrimentos de seu Salvador, não houve gênero de expiação que ele não inventasse para associar-se aos padecimentos do Calvário.

Durante 20 anos trouxe à cintura um cilício de metal, cujas pontas lhe laceravam as carnes. No rigor do inverno deixava abertas, uma parte da noite, a porta e a janela, para sofrer o tormento do frio. Sua alimentação consistia num pouco de pão preto ao qual juntava nos dias de festa algumas verduras. O exercício desta contínua abstinência tinha feito com que ele perdesse o paladar, não distinguindo mais se as comidas eram quentes ou frias, amargas ou doces, temperadas ou sem sabor.

Santa Teresa, no capítulo 27º de sua *Vida*, assim fala das austeridades deste grande santo: durante 40 anos não tinha dormido, entre o dia e a noite, mais de uma hora e meia. De todas as mortificações, a que mais lhe havia custado no princípio era vencer o sono e para isso estava sempre de joelhos ou de pé. Quando dormia era sentado, com a cabeça apoiada num pedaço de madeira fixo na parede. Nunca usava o capuz, nem ao sol, nem à chuva; não trazia calçado nenhum; usava apenas um hábito grosseiro sobre o corpo, e por cima um pequeno manto do mesmo pano. Acontecia-lhe muitíssimas vezes só comer uma vez de três em três dias; e um dos seus companheiros me assegurou que algumas vezes passava oito dias sem tomar alimento, o que naturalmente acontecia nos grandes êxtases nos quais era arrebatado pelos ardores do amor divino.

"Na sua mocidade tinha passado três anos, disse-me, num convento da Ordem sem conhecer nenhum religioso, a não ser pela voz, pois nunca levantava os olhos. Já era velho quando tive a felicidade de conhecê-lo; seu corpo era de tal modo magro que parecia feito de raízes de árvores. Com toda esta santidade, era muito afável, embora de poucas palavras, a menos que fosse interrogado. Sua conversação era mui agradável porque tinha espírito encantador."

Se o santo era tão rigoroso para consigo, para os outros era suave e compassivo.

Um dia, quando exortava Santa Teresa a moderar suas austeridades, respondeu-lhe a santa: "Por que, Padre, tanta indulgência para comigo e tanto rigor para convosco?" – "Madre, replicou Pedro com humildade, mérito não tenho neste regime, porque em mim já é um hábito".

Na sua velhice aconselhavam-no a acabar com as mortificações, mas ele se recusou dizendo: "Entre mim e o meu corpo há um pacto: o corpo prometeu deixar-se maltratar na terra, e eu prometi deixá-lo repousar no céu".

Como no corpo, assim o grande Servo de Deus foi crucificado na alma, pois a sua vida não foi senão uma série de aflições e sofrimentos de toda espécie. A sua paciência tornou-se proverbial na Espanha: "Para suportar tal afronta, diziam os espanhóis, precisaria ter a paciência de São Pedro de Alcântara".

A atividade deste pobre frade foi estupenda. Eleito provincial da Ordem, Frei Pedro visitou todos os conventos da mesma confiados à sua jurisdição, e em todos introduziu a reforma, segundo a regra primitiva do fundador. A obra da reforma tomou depois tal incremento que o papa deu autorização para organizar-se na Espanha uma nova província franciscana, à qual pouco a pouco se filiaram mais de 30 conventos de diversos países.

Pela reforma da Ordem franciscana, não só foi restabelecido na família monástica o espírito primitivo da pobreza, humildade e penitência, como ela concorreu grandemente para a regeneração da fé entre o povo todo, pondo assim um dique à onda avassaladora da "Reforma de Lutero".

O século que deu a outros países o protestantismo, mimoseou a Espanha com uma plêiade de santos, estrelas de primeira grandeza no firmamento de Igreja Católica. Luís de Granada, João da Cruz, Francisco de Borja, Francisco Solano e Teresa de Jesus são nomes respeitabilíssimos de santos espanhóis do século XVI. Com todos eles São Pedro esteve em viva comunicação e entendimento aqui.

Este verdadeiro filho de São Francisco foi grande amante da santa pobreza e queria que esta virtude brilhasse em todos os conventos; naqueles fundados por ele, as celas pareciam sepulcros e as portas eram tão baixas que para transpô-las era preciso inclinar-se. Ele queria que a pobreza fosse real e que afligisse de fato a natureza. Sua consolação era faltar-lhe o necessário; então sentia-se realmente pobre. Usou sempre um hábito velho, todo remendado, e quando o mudava era para vestir outro que ele achava mais gasto e mais pobre.

Nos seus conselhos a Santa Teresa, a propósito da reforma do Carmelo, não cessou de insistir sobre a prática de uma pobreza absoluta e de um total abandono à Providência Divina.

A santidade de Pedro de Alcântara era fundada sobre a humildade do coração e no rigoroso julgamento de si próprio. "Sou um servo inútil, dizia muitas vezes, e de nenhuma vantagem na casa de Deus. Que tens tu, ó minha alma, que não tenhas recebido de Deus? Que retribuirei ao Senhor por tantas graças recebidas? Eu vos dou, ó Senhor, o pouco que tenho e que vos posso oferecer".

No convento tomava a si os ofícios mais humildes como varrer, lavar a louça de barro, trabalhar na horta, cortar lenha no bosque vizinho e trazê-la nos ombros. Considerava-se o servo dos confrades.

A sua virtude e extraordinários talentos tornaram-no célebre e acatado em toda a Espanha. Quando viajava, tinha o cuidado de só chegar à noite para furtar-se às homenagens da multidão.

Os bispos, os grandes senhores e mesmo os reis acolhiam-no com atenciosas provas de respeito e ele dizia de si para si: "Não estás morto para o mundo? Fica como morto, insensível às honras e aos louvores".

O Imperador Carlos V, desejando tê-lo como confessor, mandou chamá-lo. O santo disse-lhe então que iria pensar no caso, diante de Deus na oração. "Vossa majestade, disse-lhe, só deseja certamente o cumprimento da vontade de Deus. Se eu não voltar, vossa majestade pode ficar certo que não está nos desígnios de Deus que eu corresponda aos seus desejos".

Voltando ao convento, o frade recebeu na oração uma luz divina pela qual conheceu que devia fugir das honras e viver desconhecido, na solidão e nos rigores da penitência. O imperador, não o vendo voltar, não se ofendeu, antes aumentou a sua estima pela santidade do servo de Deus. Quando se referia a São Pedro, dizia: "Ele não pertence a terra, é um anjo do céu".

A Princesa Joana d'Áustria queria tomá-lo também para diretor espiritual, mas ele recusou-se e mandou desculpar-se junto à princesa.

O Rei de Portugal, D. João III, obteve dos superiores a permissão de hospedá-lo por algum tempo para consultá-lo sobre várias coisas de consciência e concernentes aos interesses do Estado. Este rei declarou que as virtudes de Pedro de Alcântara excediam de muito a sua fama. Muitos senhores da corte, tocados pelas palavras e pela santidade de sua vida, reformaram seus costumes, e alguns abraçaram a vida religiosa.

À humildade de coração, Frei Pedro unia uma grande mansidão nas relações com o próximo. Fazia bom juízo de todos, atribuindo a todos boas intenções, mesmo àqueles que punham dificuldades em seus trabalhos. As palavras descaridosas eram para ele flechas que lhe traspassavam o coração; e se alguém ousava falar mal do próximo em sua presença, logo ele o fazia calar-se.

Um dia, o conde de Oropesa, seu amigo, lamentava-se das desordens e dos escândalos da sociedade. Disse-lhe então o santo: – "Vossa senhoria não se aflija; para isto há um remédio: antes de tudo, sejamos nós dois aquilo que devemos ser e teremos feito já a parte que nos toca; cada um faça o mesmo, e a reforma será certamente eficaz. O mal é que cada um fala em reformar os outros, e ninguém pensa em reformar-se a si próprio, e deste modo fica o mal sem remédio".

O conde ficou edificado com esta prudente resposta e dela tirou proveito.

Podemos falar também da terna caridade de São Pedro para com os pobres, os doentes e os aflitos, e do seu amor à concórdia e à paz; foi com razão chamado o anjo da paz por haver pacificado não só famílias, mas cidades inteiras.

A oração ocupou grande parte da vida do Servo de Deus; em todo lugar, a qualquer hora, de noite ou de dia, na cela, na igreja, pelas ruas, rezava e se unia a Deus. O demônio fez esforços inauditos para tirá-lo deste santo exercício, aparecendo para amedrontá-lo sob formas horríveis e, outras vezes, sacudindo pedras sobre ele em tão grande quantidade que os religiosos eram despertados com o barulho, achando-se o chão coberto delas no dia seguinte. Mas o santo, apesar destes assaltos, perseverava na oração com mais ardor.

Deus recompensou a sua fidelidade com o dom de uma sublime contemplação, e fez de São Pedro um dos maiores mestres na ciência da oração. Ele escreveu um "Tratado da Oração e da Meditação". Este opúsculo foi rapidamente espalhado em toda a Espanha e foi traduzido em várias línguas. O Papa Gregório XV dizia que este livro tinha sido escrito sob a inspiração do Espírito Santo e que São Pedro era, a seu ver, um dos maiores mestres da vida espiritual.

As orações de São Pedro de Alcântara eram acompanhadas de êxtases e arrebatamentos prodigiosos. O seu corpo, livre das leis do mundo terrestre, seguia a alma nos seus arremessos para o céu de maneira que se via frequentemente o Servo de Deus elevar-se em rápido voo à altura da abóbada da igreja e, outras vezes, equilibrar-se no espaço sobre o topo das árvores mais altas. De noite, quando rezava à luz das estrelas, os pastores viam-no suspenso nos ares, de joelhos a grande altura, e, algumas vezes, nestes arrebatamentos o seu corpo aparecia transfigurado, luminoso, lúcido como um puro cristal, participando de algum modo do esplendor dos corpos glorificados.

Achando-se uma vez o santo na horta do convento de Pedroso, contemplava de longe uma grande cruz, que tinha mandado alçar no cimo de um monte vizinho. À lembrança da Paixão do Salvador é arrebatado em êxtase, levanta-se do solo, atravessa o espaço, chega ao cimo do monte e para diante da cruz, suspenso no espaço e de braços abertos. De seus olhos saem raios que iluminam o sinal da Redenção, e também da cruz partem raios que fazem brilhar o rosto do santo. Ao mesmo tempo apareceu sobre sua cabeça uma nuvem luminosa da qual saíam raios de luz mais resplandecentes do que o sol, fazendo brilhar todo o monte. Nunca o céu da Estremadura se iluminou com semelhantes fulgurações. Os religiosos estavam presentes ao espetáculo maravilhoso, e, cheios de temor, de respeito e de admiração, prostraram-se por terra. Dir-se-ia ser a visão dos apóstolos sobre o Tabor. Quando o santo voltou a si, pareceu estar bastante perturbado e apressou-se em fugir dos olhares dos confrades, voltando depressa para a cela.

Os êxtases lhe sobrevinham frequentemente durante o santo sacrifício da missa. Depois da consagração, era arrebatado pela veemência do amor divino e, voltando depois ao normal, retomava a ação do Santo Sacrifício até a comunhão, depois da qual era de novo arrebatado.

O Senhor dignou-se ainda favorecê-lo com os dons da cura, da profecia, da penetração dos corações e da bilocação. Em diversas circunstâncias o santo proveu milagrosamente alimento para seus confrades, e algumas vezes este lhe foi trazido pelos anjos.

Apareceu em vida a muitas pessoas que se achavam a distâncias consideráveis. Tendo que atravessar o Guadiana, o Tejo, o Douro e outros rios, foi visto caminhar sobre as águas como em terra firme.

Com suas orações fervorosas obteve a cessação da aridez e fez brotar uma fonte de água viva. Um dia em que pregava ao ar livre preservou os seus ouvintes de um forte aguaceiro.

Certa feita, incendiando-se o seu convento, o santo passou são e salvo no meio das chamas e apagou o incêndio. No Convento de Arenas enterrou o seu bastão e, sob a ação divina, aquele pedaço de madeira seca criou raízes, cobriu-se de folhas e de flores e a seu tempo produziu frutos deliciosos.

Indo um dia ao Convento de Arenas, foi surpreendido ao anoitecer por uma borrasca de neve, e só encontrou por abrigo as ruínas de uma antiga hospedaria. Pôs, então, o companheiro em um lugar seguro, e ele ficou entre as muralhas, exposto à violência da tempestade, mas por graça da proteção divina os flocos de neve ficaram suspensos e formaram como que uma cúpula sobre a sua cabeça. Assim, Deus parecia ter comunicado ao seu servo fiel algo da sua onipotência sobre as coisas criadas.

São Pedro de Alcântara foi frequentemente favorecido com aparições de Nosso Senhor, de Maria Santíssima, de quem era servo zeloso, de São José, de São João Evangelista e do seu seráfico patriarca.

Um dia, celebrando a santa missa, foi assistido por São Francisco de Assis e Santo Antônio, conforme presenciou Santa Teresa: o primeiro servia de diácono e o segundo de subdiácono.

Nos tempos de missão, passava São Pedro de Alcântara os dias pregando, confessando, ensinando catecismo às crianças, visitando os pobres e os doentes; de noite, retirava-se a lugar distante para dedicar-se à contemplação e mortificar o corpo com flagelações.

Ao terminar cada missão, fazia o santo erguer, nas praças públicas ou nas encruzilhadas, uma grande cruz para lembrar ao povo as verdades que tinha anunciado, e especialmente para gravar no coração de todos a memória do benefício da Redenção. Ergueu, sobre o pico do célebre Monte Gata, uma cruz colossal que tinha mandado preparar, pesadíssima, que dois homens robustos carregariam penosamente; ele quis levá-la sozinho. Com ela subiu o monte de joelhos, umedecendo o caminho com o sangue que vertia de seus membros. Sabia Pedro que o sangue do apóstolo, unido ao de Jesus, é orvalho fecundo que predispõe as almas para receberem a luz e o calor da graça. Chegando ao cimo do monte, levantou a cruz e plantou-a na escavação já preparada. Deste modo espalhou-se o costume de plantar cruzes de missões na Espanha e no resto do mundo.

Os frutos da pregação de nosso santo foram copiosos, e é incalculável o número de pecadores que ele reconduziu a Deus.

São Pedro de Alcântara muito auxiliou Santa Teresa nas suas fundações e orientou-a nas dificuldades e provações da sua vida espiritual. As grandes graças de elevada mística que o Senhor concedeu à santa, e as manifestações extraordinárias das suas relações com Deus, fizeram com que muitos diretores e superiores se enganassem, julgando ser obra do demônio o que nela se operava. A santa carmelita padeceu assim de aflições e perseguições por vários anos.

Deus quis pôr fim às provações de sua serva, mandando-lhe São Pedro de Alcântara, que se aproximava do término da sua carreira gloriosa. Desde o primeiro colóquio, Teresa sentiu-se aliviada; abriu-lhe sua alma, falou-lhe da sua vida, da sua oração, das graças com que Deus a cumulava, e pela primeira vez teve a felicidade de se sentir compreendida. Ele lhe assegurou que Deus era o autor das visões e das operações maravilhosas que nela se realizavam. Consolou-a, encorajou-a e deu avisos para o futuro. Tratou ainda de esclarecer a opinião pública sobre Santa Teresa. Foi procurar o confessor dela e demonstrou-lhe com razões decisivas que as visões da religiosa eram de Deus e que, em vez de inquietá-la, deveria doravante tranquilizá-la e animá-la. O confessor seguiu à risca as suas recomendações. Fez o mesmo com o bispo de Ávila e, com a autoridade do seu caráter, convenceu o prelado a mudar suas ideias contra Teresa. Tinha a certeza da santidade desta, e costumava dizer que, depois das verdades da fé, nada lhe parecia mais certo do que a ação do Espírito Santo na alma de Teresa.

São Pedro de Alcântara foi o primeiro cooperador da ilustre madre na reforma do Carmelo. Tendo, certa vez, a religiosa consultado o santo sobre se as casas da reforma deveriam ter rendas, ele declarou que o Carmelo fosse fundado sem rendimento, segundo as regras da pobreza completa. A santa carmelita encontrou, porém, tenaz oposição para realizar tal coisa. Inquieta com essas contradições dirigiu-se novamente a São Pedro, que lhe escreveu em resposta esta carta magnífica:

"Reverenda Madre, que encha o Espírito Santo vossa alma.

Recebi a carta que me mandastes por intermédio de Dom González de Aranda. Estou mesmo admirado com a vossa atitude, chamando doutos para resolver uma questão que não é de sua competência. As controvérsias e os casos de consciência podem ser da alçada dos canonistas e dos teólogos; mas as questões com relação à vida perfeita não são tratadas senão por aqueles que professam este gênero de vida.

Para tratar-se de uma matéria é preciso conhecê-la. Não cabe a um sábio decidir se eu, ou se vós, devemos observar, ou não, os conselhos evangélicos. Questionar sobre este assunto seria já um princípio de infidelidade. O conselho de Nosso Senhor é sempre bom, e só parece irrealizável à incredulidade ou à prudência humana.

Quem deu o conselho dará também os meios. Os homens, se dão um conselho, querem ser atendidos.

A Suma Sabedoria teria dado aos seus discípulos conselhos impraticáveis?

Se estiverdes resolvida a seguir a via mais perfeita, nada vo-lo impedirá. O conselho de Jesus Cristo é para as mulheres como para os homens, e dará bom resultado em vós como em todos aqueles que vos precederam.

Os abusos nos mosteiros que renunciaram às rendas dependem do seguinte: a pobreza aí é suportada, em vez de ser desejada. Eu louvo a pobreza quando é suportada por amor de Jesus Crucificado. Nisto, como em tudo, creio firmemente e constantemente na palavra do Mestre; considero os conselhos evangélicos excelentes porque são divinos, e embora reconheça que não obrigam sob pena de pecado, acho mais perfeito e mais agradável a Deus observá-los.

Apoiado na palavra do Salvador, considero felizes os pobres de espírito e os pobres voluntários. Poderia alegar nesta matéria a minha experiência pessoal, se não tivesse mais fé na Palavra de Deus que na minha vã experiência.

Que o Senhor vos ilumine, vos faça compreender esta verdade e vos dê a coragem de segui-la. Os que não praticam os conselhos evangélicos se salvam, é certo, com a observância dos mandamentos, mas em geral não têm bastante entendimento e julgam mal das coisas elevadas. Será, portanto, sabedoria preferir aos conselhos deles os de Nosso Senhor, que com o conselho dá o meio de pô-lo em prática e recompensa eternamente aquele que, renunciando às coisas terrenas, pôs nele toda a sua esperança".

Esta carta produziu profunda impressão no espírito da santa reformadora, que seguiu os sábios conselhos do seu venerável cooperador e nada foi capaz de demovê-la.

O Padre Francisco de Santa Maria, cronista dos Carmelitas Descalços, depois de ter recordado os esforços de São Pedro de Alcântara para auxiliar a Seráfica Madre, declara que a sua Reforma o honra como pai: *"Nostra Reformatio... plena voce nominat patrem"*.

No decreto de canonização de São Pedro de Alcântara lemos: "Ele ajudou Santa Teresa com zelo infatigável no estabelecimento da reforma do Carmelo, de modo que, segundo testemunho da virgem ilustre, deve ser considerado como o principal promotor desta reforma. Para tal empreendimento, fez muitas viagens, suportou muitas fadigas e apareceu inúmeras vezes à santa para aconselhá-la".

Do céu, continuou o santo a proteger sua cara família, apareceu várias vezes a Santa Teresa e se interessava por tudo, como o fazia em vida. Se ela encontrava dificuldades nas suas fundações, aparecia-lhe o santo para animá-la e indicar-lhe os meios de vencer os obstáculos; nestas aparições, repetia-lhe sempre de novo os conselhos sobre a pobreza.

A união entre São Pedro de Alcântara e a santa carmelita perpetuou-se entre os membros das duas Ordens.

Em 18 de outubro de 1562, com 63 anos de idade, São Pedro de Alcântara estava prestes a passar do exílio para a pátria celeste.

Sobre o leito de morte, quis ainda falar aos seus religiosos e consolidá-los nas normas da vida perfeita, que lhes tinha ensinado: "Filhinhos meus, disse-lhes, Deus, separando-vos do mundo, vos escolheu para seus servos, vos amou como seus filhos e tantas vezes veio em auxílio de vossas necessidades de maneira milagrosa. Correspondei a tantos benefícios, com uma constante fidelidade à Regra. Se surgirem provações, lembrai-vos de nosso seráfico Pai e dos seus primeiros companheiros. Guardai a santa pobreza, herança que Jesus Cristo, nascido numa manjedoura e morto na cruz, deixou-nos e aos nossos, e que São Francisco nos transmitiu".

Em seguida, exortou-os a aplicar-se sem descanso ao exercício da oração e da mortificação, e a caminhar pelas vias da cruz, da abnegação e do sacrifício.

Ao aproximar-se da última hora, o santo foi consolado por uma visão do céu: uma luz sobrenatural iluminou-lhe a cela, e apareceu-lhe a Santíssima Virgem com o Menino Jesus nos braços, tendo ao lado o apóstolo São João. Depois de receber com piedade angélica os últimos sacramentos, pediu perdão aos confrades dos maus exemplos que julgava ter-lhes dado, recitou o salmo: *Alegrei-me com o que me foi dito: iremos para a casa do Senhor,* e adormeceu na paz de Cristo. No mesmo instante uma luz do céu iluminou-lhe a cela e ouviu-se uma suave melodia cantada pelos anjos. Depois de sua morte apareceu a Santa Teresa e disse-lhe: "Feliz penitência que me alcançou tão grande glória!"

A mesma santa conheceu mediante revelação o grande poder que tem São Pedro de Alcântara junto a Deus: "O Senhor, diz ela, assegurou-me que nada lhe seria pedido em nome do seu servo que não fosse alcançado. Rezei muitíssimas vezes pedindo ao bem-aventurado para apresentar ao Senhor minhas súplicas e foram elas sempre atendidas".

Esta promessa de Nosso Senhor é lembrada no responsório da 8ª Lição do Ofício do Santo: "Que revelastes à vossa serva, Santa Teresa, que todos aqueles que em nome de São Pedro vos suplicassem alguma graça, seriam atendidos, ouvi, por amor dele, as nossas preces".

São Pedro de Alcântara morreu no convento de Arenas e foi sepultado na igreja do convento. Tiveram lugar por sua intercessão seis ressurreições e muitos outros milagres e o Papa Clemente IX inscreveu-o no Catálogo dos Santos.

PRIMEIRA PARTE

Tratado da Oração e da Meditação

Recopilado pelo Padre Frei Pedro de Alcântara, frade menor da Ordem do Bem-aventurado São Francisco. Dirigido ao mui magnífico e mui devoto Senhor Rodrigo de Chaves, habitante de Ciudad Rodrigo.

Mui magnífico e mui devoto senhor: nunca eu me movera a recopilar este breve tratado, nem a consentir que ele se imprimisse, se não fora pelas muitas vezes que vossa mercê me mandou escrevesse alguma coisa de oração, breve e resumida, e com clareza, cujo proveito fosse mais comum; pois, sendo de pequeno volume e preço, aproveitaria aos pobres que não têm tanta possibilidade para livros mais custosos e, escrevendo-se com mais clareza, aproveitaria aos simples, que não têm tanto cabedal de entendimento. E, parecendo-me que não é de menor mérito obedecer neste caso a quem pede coisa tão piedosa e santa, do que o fruto que se pode tirar dela, eu quis pôr em exercício tão santo mandamento, bem certificado de que para mim não pode este pequeno trabalho deixar de ser de proveito, se a muita afeição e vontade que tenho ao serviço de V.M. e da senhora Dona Francisca, vossa companheira, não menos ligada com vossa mercê pelo vínculo da caridade e amor em Jesus Cristo, nosso Bem, do que pelo do matrimônio, não me tira alguma parte do merecimento. Mesmo se é verdade (como o é) que todo o bem que fazem nossos irmãos, de que nós os cristãos nos regozijamos, resulta em mérito particular daquele que se rejubila, bem poderei dizer *Quod particeps sum devotionis vestrae*, e de todas as vossas boas obras, pois como com filhos mui queridos no Senhor (que assim quero chamar vossas mercês), pois me tendes por Pai, nunca deixou a pobreza da minha doutrina e indústria de ajudar a riqueza dos vossos santos propósitos e altos pensamentos. E, tendo lido muitos livros acerca desta matéria, deles brevemente tirei e recopilei o que melhor e mais proveitoso me há parecido. Praza ao Senhor que assim aproveite ele a todos os que o buscam, pois não é para os demais, e que consiga vossa mercê o interesse espiritual do seu bom desejo, e eu o da minha boa vontade; tudo para honra e glória de Jesus Cristo nosso Bem, de quem é tudo o que é bom.

✐ Capítulo 1 ✐

Do fruto que se tira da oração e da meditação

Por que este breve tratado fala da oração e da meditação, bem será dizer em poucas palavras o fruto que deste santo exercício se pode tirar, para que com mais alegre coração se ofereçam os homens a ele.

Notória coisa é que um dos maiores impedimentos que o homem tem para alcançar a sua última felicidade e bem-aventurança é a má inclinação do seu coração, e a dificuldade e pesadume que tem para bem obrar, porque a não estar esta de permeio, facílima coisa lhe seria correr pelo caminho das virtudes e alcançar o fim para que foi criado. Pelo que, disse o apóstolo: *Alegro-me com a lei de Deus, segundo o homem interior; mas sinto em meus membros outra lei e inclinação, que contradiz a lei do meu espírito, e me leva atrás de si cativo da lei do pecado*[1]. Esta é, pois, a causa mais universal que há de todo o nosso mal. Pois para tirar este peso e dificuldade e facilitar este negócio, uma das coisas que mais aproveitam é a devoção. Porque (como diz Santo Tomás) devoção não é outra coisa senão *uma presteza e ligeireza para bem obrar*[2], a qual despede de nossa alma toda essa dificuldade e pesadume e nos torna prestes e ligeiros para todo bem. Porque é uma refeição espiritual, um refresco e rocio do céu, um sopro e alento do Espírito Santo e um afeto sobrenatural; o qual de tal maneira regula, esforça e transforma o coração do homem, que lhe põe novo gosto e alento para as coisas espirituais, e novo desgosto e aborrecimento das sensuais. O que no-lo mostra a experiência de cada dia, porque, ao tempo em que

---

1. Rm 7,23.
2. 2a. quest. 82, art. 10; 2 v., quest. 83, 3, 1º.

uma pessoa espiritual sai de alguma profunda e devota oração, ali se lhe renovam todos os bons propósitos; ali estão os fervores e determinações de bem obrar; ali o desejo de agradar e amar um Senhor tão bom e tão doce como ali se lhe há mostrado, e de padecer novos trabalhos e asperezas, e mesmo derramar sangue por Ele; e, finalmente, reverdece e se renova todo o frescor de nossa alma.

E, se me perguntares por que meios se alcança esse tão poderoso e tão nobre afeto de devoção, a isto responde o mesmo santo doutor dizendo: que pela meditação e contemplação das coisas divinas, porque da profunda meditação e consideração delas resulta este afeto e sentimento na vontade (que chamamos devoção), o qual nos incita e move a todo bem. E por isso é tão louvado e recomendado por todos os santos este santo e religioso exercício; porque é meio para alcançar a devoção, a qual, embora não seja mais do que uma só virtude, nos habilita e move a todas as outras, e é como que um estímulo geral para todas elas. E, se queres ver como isto é verdade, olha quão abertamente o diz São Boaventura por estas palavras:

Se queres sofrer com paciência as adversidades e misérias desta vida, sejas homem de oração. Se queres alcançar virtude e fortaleza para venceres as tentações do inimigo, sejas homem de oração. Se queres mortificar a tua própria vontade com todas as suas afeições e apetites, sejas homem de oração. Se queres conhecer as astúcias de satanás e defender-te dos seus enganos, sejas homem de oração. Se queres viver alegremente, e caminhar com suavidade pelo caminho da penitência e do trabalho, sejas homem de oração. Se queres enxotar de sua alma as moscas importunas dos vãos pensamentos e cuidados, sejas homem de oração. Se a queres sustentar com a gordura da devoção, e trazê-la sempre cheia de bons pensamentos e desejos, sejas homem de oração. Se queres fortalecer e confirmar teu coração no caminho de Deus, sejas homem de oração. Finalmente, se queres desarraigar de tua alma todos os vícios e plantar em lugar deles as virtudes, sejas homem de ora-

ção; porque nela se recebe a unção e graça do Espírito Santo, o qual ensina todas as coisas. E, ademais disto, se queres subir à altura da contemplação e gozar dos doces abraços do Esposo, exercita-te na oração, porque este é o caminho por onde a alma sobe à contemplação e gosto das coisas celestiais. Vês, pois, de quanta virtude e poder seja a oração? E, para prova de todo o dito (deixado de parte o testemunho das Escrituras Divinas), isto basta agora por suficiente provança de que temos ouvido e visto e vemos cada dia, muitas pessoas simples, as quais alcançaram todas estas coisas sobreditas e outras maiores, mediante o exercício da oração[3]. Até aqui são palavras de São Boaventura. Pois, que tesouro, que empório se pode achar mais rico, nem mais cheio do que este? Ouve também o que a este propósito diz outro mui religioso e santo doutor[4], falando desta mesma virtude: *Na oração* (diz ele), *alimpa-se a alma dos pecados, apascenta-se a caridade, certifica-se a fé, fortalece-se a esperança, alegra-se o espírito, derretem-se as entranhas, purifica-se o coração, descobre-se a verdade, vence-se a tentação, afugenta-se a tristeza, renovam-se os sentidos, repara-se a virtude enfraquecida, despede-se a tibieza, consome-se a ferrugem dos vícios, e nela não faltam centelhas vivas de desejos do céu, entre as quais arde a chama do divino amor. Grandes são as excelências da oração! Grandes lhe são os privilégios! A ela estão abertos os céus. A ela se revelam os segredos e a ela estão sempre atentos os ouvidos de Deus.* Isto basta por agora para que de alguma maneira se veja o fruto deste santo exercício.

---

3. S. Bonav., *De vita Christi.*

4. São Lourenço Justiniani. In: *Ligno vitae:* De oratione, cap. 2.

✍ Capítulo II ✍

Da matéria da meditação

Visto de quanto fruto seja a oração e meditação, vejamos agora quais sejam as coisas que devemos meditar. Ao que se responde que, ordenando-se este santo exercício a criar em nossos corações amor e temor de Deus, e guarda dos seus mandamentos, mais conveniente matéria será deste exercício aquela que mais vier a este propósito. E conquanto seja verdade que todas as coisas criadas e todas as espirituais sagradas nos movam a isto, contudo, geralmente falando, os mistérios da nossa fé (que se contêm no Símbolo, que é o Credo) são para isto os mais eficazes e proveitosos. Porque nele se trata dos benefícios divinos, do juízo final, das penas do inferno e da glória do paraíso, que são grandíssimos para mover o nosso coração ao amor e temor de Deus, e nele também se trata a Vida e Paixão de Cristo nosso Salvador, na qual consiste todo o nosso bem. Estas duas coisas assinaladamente se tratam no Símbolo, e estas são as que mais ordinariamente ruminamos na meditação, pelo que, com muita razão, se diz que o Símbolo é a matéria propriíssima deste santo exercício, posto que também o será para cada um o que mais lhe mover o coração ao amor e temor de Deus.

Pois, segundo isto, para introduzir neste caminho os novos e principiantes (aos quais convém dar o manjar como que digerido e mastigado), assinalarei aqui brevemente duas maneiras de meditações para todos os dias da semana, umas para a noite e outras para a manhã, tiradas pela maior parte dos mistérios de nossa fé, para que, assim como damos ao nosso corpo duas refeições cada dia, assim também as demos à alma, cujo pasto é a meditação e consideração das coi-

34

sas divinas. Destas meditações, umas são dos Mistérios da Sagrada Paixão e Ressurreição de Cristo, e as outras dos outros mistérios que já dissemos. E quem não tiver tempo para se recolher duas vezes ao dia, ao menos poderá uma semana meditar uns mistérios e outra os outros, ou ficar só com os da Paixão e Vida de Jesus Cristo (que são os mais principais), embora os outros não convém que se deixem no princípio da conversão, porque são mais convenientes para este tempo, onde principalmente se requer temor de Deus, dor e detestação dos pecados. Seguem-se as sete primeiras meditações para os dias da semana.

SEGUNDA-FEIRA

Neste dia poderás ocupar-te na memória dos pecados e no conhecimento de ti mesmo, para que numa vejas quantos males tens e no outro como nenhum bem tens que não seja de Deus, que é o meio por onde se alcança a humildade, mãe de todas as virtudes.

Para isto deves primeiro pensar na multidão dos pecados da vida passada, especialmente naqueles que fizeste no tempo em que menos conhecias a Deus. Porque se bem o souberes olhar, acharás que eles se multiplicaram sobre os cabelos de tua cabeça e que viveste naquele tempo como um gentio, que não sabe que coisa é Deus. Discorre, pois, brevemente por todos os dez mandamentos e pelos sete pecados mortais, e verás que nenhum deles há em que não tenhas caído muitas vezes, por obra ou por palavra ou pensamento.

Em segundo, discorre por todos os benefícios divinos, e pelos tempos da vida passada, e olha em que foi que os empregaste, pois de todos eles hás de dar conta a Deus. Pois, dize-me agora, em que gastaste a infância? Em que a adolescência? Em que a juventude? Em que, finalmente, todos os dias da vida passada? Em que ocupaste os sentidos corporais e as potências da alma que Deus te deu para que o conhecesses e servisses? Em que se empregaram teus olhos, senão em ver a vaidade? Em que teus ouvidos, senão em ouvir a mentira? E em que tua língua, senão em mil maneiras de juramentos e murmurações e em que teu gosto e teu olfato e teu tato senão em regalos e branduras sensuais?

Como te aproveitaste dos Santos Sacramentos, que Deus ordenou para teu remédio? Como lhe deste graças pelos seus benefícios? Como respondeste às suas inspirações? Em que empregaste a saúde e as forças, e as habilidades de natureza, e os bens que dizem de fortuna, e as disposições e oportunidades para bem viver? Que cuidado tiveste de teu próximo, que Deus te encomendou, e daquelas obras de misericórdia que te assinalou para com ele? Pois, que responderás naquele dia das contas, quando Deus te disser: *Dá-me conta da tua mordomia e da conta que te entreguei, porque já não quero que trates mais dela?* Ó árvore seca e preparada para os tormentos eternos! Que responderás naquele dia, quando te pedirem conta de todo o tempo de tua vida e de todos os pontos e momentos dela?

Em terceiro, pensa nos pecados que fizeste e fazes cada dia, depois que abriste mais os olhos ao conhecimento de Deus, e acharás que ainda vive em ti Adão com muitas raízes e costumes antigos. Olha quão desrespeitoso és para com Deus, quão ingrato aos seus benefícios, quão rebelde às suas inspirações, quão preguiçoso para as coisas de seu serviço, as quais nunca fazes nem com aquela presteza e diligência, nem com aquela pureza de intenção com que devias, senão por outros respeitos e interesses do mundo.

Considera, outrossim, quão duro és para com o próximo e quão piedoso para contigo, quão amigo de tua pró-

---

5. Lc 16,2.

pria vontade, e de tua carne, e de tua honra, e de todos os teus interesses. Olha como ainda és soberbo, ambicioso, irado, violento, vanglorioso, invejoso, malicioso, comodista, mutável, leviano, sensual, amigo de tuas recreações e conversações e risos e mexericos. Olha, outrossim, quão inconstante és nos bons propósitos, quão inconsiderado em tuas palavras, quão desprovido em tuas obras e quão covarde e pusilânime para quaisquer negócios graves.

Em quarto, considerada já por esta ordem a multidão de teus pecados, considera depois a gravidade deles, para que vejas como por toda parte é crescida a tua miséria. Para o que, deves primeiramente considerar estas três circunstâncias nos pecados da vida passada, a saber: *contra quem pecaste, por que pecaste e de que maneira pecaste*. Se olhares contra quem pecaste, acharás que pecaste contra Deus, cuja bondade e majestade é infinita e cujos benefícios e misericórdias para com o homem sobrepujam as areias do mar; mas, por que causa pecaste? Por um ponto de honra, por um deleite de animais, por um cabelo de interesse e muitas vezes sem interesse; só por costume e desprezo de Deus. Mas de que maneira pecaste? Com tanta facilidade, com tanto atrevimento, tão sem escrúpulo, tão sem temor, e às vezes com tanta facilidade e contentamento, como se pecasses contra um Deus de pau, que nem sabe nem vê o que se passa no mundo. Então era esta a honra que se devia a tão alta majestade? É este o agradecimento de tantos benefícios? Assim se paga aquele sangue precioso que se derramou na cruz e aqueles açoites e bofetadas que se receberam por ti? Oh! Miserável de ti pelo que perdeste, e muito mais pelo que fizeste, e muitíssimo mais se com tudo isto não sentes a tua perdição! Depois disto, é de grandíssimo proveito deteres um pouco os olhos da consideração em pensares o teu nada, isto é, como de tua parte não tens outra coisa mais do que nada e pecado, e como tudo o mais é de Deus: porque claro está que assim os bens da natureza como os da graça (que

37

são os maiores) são todos dele; porque dele é a graça da predestinação (que é a fonte de todas as outras graças), e dele a da vocação, e dele a graça concomitante, e dele a graça da vida eterna. Pois, que tens tu de que te possas gloriar, senão nada e pecado? Repousa, pois, um pouco na consideração desse nada, e só isto põe à tua conta, e tudo o mais à de Deus, para que clara e palpavelmente vejas quem és tu e quem é Ele; quão pobre tu e quão rico Ele; e, por conseguinte, quão pouco deves confiar em ti e a ti estimar e quanto confiar nele, a Ele amar e gloriar-te nele.

Consideradas, pois, todas estas coisas acima ditas, sente de ti o mais baixamente que te seja possível. Pensa que não passas de um caniço que se muda a todos os ventos, sem peso, sem virtude, sem firmeza, sem estabilidade e sem nenhuma maneira de ser. Pensa que és um Lázaro morto de quatro dias, e um corpo hediondo e abominável, cheio de vermes, que todos quantos passam tapam o nariz e os olhos para não verem. Pareça-te que desta maneira te tornas repelente diante de Deus e de seus anjos, e tem-te por indigno de alçar os olhos ao céu, e de que te sustente a terra, e de que te sirvam as criaturas, e do próprio pão que comes e do ar que recebes.

Lança-te com aquela pública pecadora aos pés do Salvador e, coberto teu rosto de confusão com aquela vergonha que padeceria uma mulher diante de seu marido quando lhe houvesse feito traição, e, com muita dor e arrependimento de teu coração, pede-lhe perdão de teus erros, e que por sua infinita piedade e misericórdia haja por bem tornar-te a receber em sua casa.

TERÇA-FEIRA

Neste dia pensarás nas misérias da vida humana, para que por elas vejas quão vã seja a glória do mundo e quão digna de ser desprezada, pois se funda em tão fraco fundamento como é tão miserável vida; e ainda que os defeitos e misérias desta vida sejam quase inumeráveis, podes agora assinaladamente considerar estas sete.

Primeiramente considera quão breve seja esta vida, pois o mais longo tempo dela *é de sessenta ou oitenta anos, porque tudo a mais* (se alguma coisa fica, como diz o Profeta) *é trabalho e dor*[6]; e, se daqui se tira o tempo da infância, que mais é vida de animais do que de homens, e o que se gasta dormindo, quando não usamos dos sentidos nem da razão (que nos faz homens), acharemos ser ele ainda mais breve do que parece. E se sobre tudo isto a comparas com a eternidade da vida futura, apenas te parecerá ele um ponto. Por onde verás quão desvairados são os que, por gozar deste sopro de vida tão breve, põem-se a perder o descanso daquela que para sempre há de durar.

Em segundo, considera quão incerta seja esta vida (o que é outra miséria sobre a passada), porque não basta ser ela tão breve como é, senão que esse pouco que há de vida não está seguro, mas duvidoso. Porque, quantos chegam a esses sessenta ou oitenta anos que dissemos? A quantos se corta a teia em começando a tecer? Quantos se vão em flor (como dizem) ou em botão? *Não sabeis* (diz o Salvador) *quando virá o vosso Senhor, se pela manhã, se ao meio-dia, se à meia-noite, se ao canto do galo*[7].

Para melhor sentires isto, proveitoso serte-á lembrares da morte de muitas pessoas que terá conhecido neste mundo, especialmente de teus amigos e familiares, e de algumas pessoas ilustres e assinaladas, as quais a morte assaltou em diversas idades, deixando burlados todos os seus propósitos e esperanças.

---

6. Sl 89,10.

7. Mc 13,35.

Em terceiro, pensa quão frágil e quebradiça seja esta vida, e acharás que não há vaso de vidro tão delicado como ela é, pois um ar, um sol, um jarro de água fria, uma exalação de enfermo basta para nos despojar dela, como parece pelas experiências cotidianas de muitas pessoas, as quais, no mais florido da sua idade, basta para derrubar qualquer ocasião das sobreditas.

Em quarto, considera quão mutável é ela e como nunca permanece num mesmo ser. Para o que, deves considerar quanta seja a mudança de nossos corpos, os quais nunca permanecem numa mesma saúde e disposição, e quanto maior a dos ânimos, que sempre andam, como o mar, alternados por diversos ventos e ondas de paixões e apetites e cuidados que a cada hora nos perturbam; e finalmente quantas sejam as mudanças que dizem da fortuna, que nunca consente muito permanecerem num mesmo estado, nem numa mesma prosperidade e alegria, as coisas da vida humana, senão sempre roda de um lugar para outro. E sobre tudo isto considera quão contínuo seja o movimento da nossa vida, pois dia e noite nunca para, mas sempre vai perdendo de seu direito. Segundo isto, que é a nossa vida senão uma vela que sempre se está gastando, e quanto mais arde e resplandece tanto mais se gasta? *Que é a nossa vida senão uma flor que se abre pela manhã, ao meio-dia murcha e à tarde seca?*[8]

Pois em razão desta contínua mudança, diz Deus por Isaías: *toda carne é feno, e toda a glória dela é como a flor do campo*[9]. Palavras sobre as quais diz São Jerônimo: *Verdadeiramente, quem considerar a fragilidade da nossa carne e como em todos os pontos e momentos de tempo crescemos e decrescemos, sem jamais permanecermos num mesmo estado, como isto que agora estamos falando, traçan-*

---

8. Jó 14,2.
9. Is 40,6.

do e esquadrinhando se está afastando da nossa vida, não duvidará chamar à nossa carne feno e a toda a sua glória como a flor do campo[10]. O que agora é criança de peito, brevemente se faz rapaz, e o rapaz moço, e o moço, mui depressa, chega à velhice, e primeiro se acha velho do que se admire de ver como já não é moço. E a mulher formosa, que arrastava após si as manadas dos mocinhos loucos, mui depressa descobre a fronte arada com rugas e a que antes era amável daí a pouco vem a ser aborrível.

Em quinto, considera quão enganosa seja ela (o que porventura é o pior que tem, pois a tantos engana, e tantos e tão cegos amadores leva atrás de si), pois sendo feia nos parece bela, sendo amarga nos parece doce, sendo breve, a cada um a sua lhe parece longa, e sendo tão miserável parece tão amável, que não há perigo nem trabalho a que por ela se não ponham os homens, mesmo que seja com detrimento da vida perdurável, fazendo coisas por onde venham a perder a vida duradoura.

Em sexto, considera como, além de ser tão breve, etc. (segundo está dito), esse pouco que há de vida está sujeito a tantas misérias, assim da alma como do corpo, que todo ele não passa de um vale de lágrimas e de um pélago de infinitas misérias. Escreve São Jerônimo que Xerxes, aquele poderosíssimo rei que derrubava os montes e aplanava os mares, como subisse a um monte alto a ver dali um exército que tinha ajuntado de infinitas gentes, depois que o mirou bem, dizem que se parou a chorar. E, perguntado por que chorava, respondeu: *Choro porque daqui a cem anos não estará vivo nenhum de quantos ali vejo presentes. Oh!* (diz São Jerônimo) *se pudéssemos subir a alguma atalaia, que dela pudéssemos ver toda a terra debaixo de nossos pés! Daí verias as quedas e misérias de todo o mundo, gentes destruídas por gentes, e reinos por outros reinos. Verias como a*

---

10. Super Isaiam, 40,6.

uns atormentam, a outros matam; como uns se afogam no mar, outros são levados cativos. Aqui verás bodas, ali pranto; aqui matar uns, ali morrer outros; uns abundarem em riquezas, outros mendigarem. E finalmente verias não somente o exército de Xerxes, senão todos os homens do mundo que agora são, os quais daqui a poucos dias acabarão[11]. Discorre por todas as enfermidades e trabalhos dos corpos humanos e por todas as aflições e cuidados dos espíritos e pelos perigos que há, assim em todos os estados como em todas as idades dos homens, e ainda mais claro verás quantas sejam as misérias desta vida, pois que, vendo tão claramente quão pouco é tudo o que o mundo pode dar, mais facilmente menosprezes tudo o que nele há.

A todas estas misérias sucede a última que é morrer, a qual, assim para o que é do corpo, como para o que é da alma, é a última de todas as coisas terríveis; pois o corpo será num instante despojado de todas as coisas, e da alma se há de determinar então o que para sempre há de ser.

Tudo isto te dará a entender quão breve e miserável seja a glória do mundo (pois tal é a vida dos mundanos sobre que ela se funda) e, por conseguinte, quão digna seja de ser pisada e menosprezada.

QUARTA-FEIRA

Neste dia pensarás no passo da morte, que é uma das mais proveitosas considerações que há, assim para alcançar a verdadeira sabedoria como para fugir do pecado, como também para começar com tempo a preparar-se para a hora da conta.

Pensa, pois, primeiramente, quão incerta é aquela hora em que te há de assaltar a morte, porque não sabes em que dia, nem em que lugar, nem em que estado te tomará ela.

---

11. Ad Heliodorum, Epist. 60, n. 18, tomo 1º.

Só sabes que hás de morrer, tudo o mais é incerto; senão que ordinariamente costuma esta hora sobrevir ao tempo em que o homem está mais descuidado e esquecido dela.

Em segundo, pensa na separação que ali haverá, não só entre todas as coisas que se amam nesta vida, como também entre a alma e o corpo, companhia tão antiga e tão amada. Se se tem por grande mal o desterro da pátria e dos ares em que o homem se criou, podendo o desterrado levar consigo tudo o que ama, quanto maior não será o desterro universal de todas as coisas da casa, e dos haveres, e dos amigos, e do pai, e da mãe, e dos filhos, e desta luz e ar comum, e, finalmente, de todas as coisas? Se um boi solta mugidos quando o separam de outro boi com o qual ele arava, que mugido não será o de teu coração quando te separarem de todos aqueles com cuja companhia trouxeste nas costas o jugo das cargas desta vida?

Considera também a pena que o homem ali recebe quando se lhe representa em que hão de parar o corpo e a alma depois da morte, porque do corpo ele já sabe que não lhe pode caber outra sorte melhor do que uma cova de sete pés de comprimento em companhia de outros mortos; mas da alma não sabe ao certo o que será, nem que sorte lhe há de caber. Esta é uma das maiores angústias que ali se padecem: saber que há glória e pena para sempre, e estar tão perto duma e doutra, e não saber qual destas duas sortes tão desiguais nos há de caber.

Atrás desta angústia segue-se outra não menor, que é a conta que ali se tem de dar, a qual é tal que faz tremer, mesmo aos mais esforçados. De Arsênio se escreve que, estando já para morrer, começou a temer. E, como seus discípulos lhe dissessem: *Pai, e tu agora temes?* Ele respondeu: *Filhos, não é novo em mim este temor, porque sempre vivi com ele*[12]. Ali,

---

12. Em sua *Vida.*

pois, se lhe representam ao homem todos os pecados da vida passada como um esquadrão de inimigos que vêm a dar sobre ele e os maiores e em que maior deleite ele recebeu, esses se representam mais vivamente e são causa de maior temor. Oh, quão amarga é ali a memória do deleite passado, que noutro tempo parecia tão doce! Por certo, com muita razão disse o sábio: *Não olhes ao vinho quando está rubro, e quando resplandece no vidro a sua cor, porquanto, ainda que ao tempo do beber ele pareça brando, mas depois morde como cobra e derrama sua peçonha como basilisco*[13]. Estas são as fezes daquela bebida peçonhenta do inimigo; este é o saibro que tem aquele cálice de Babilônia por fora dourado. E então o homem miserável, vendo-se cercado de tantos acusadores, começa a temer a matéria deste juízo e a dizer entre si: Miserável de mim, que tão enganado vivi e por tais caminhos andei, que será de mim agora neste juízo? Se São Paulo diz que *o que o homem houver semeado, isso colherá*[14], eu que nenhuma outra coisa semeei senão obras de carne, que espero colher daqui senão corrupção? Se São João diz que *naquela soberana cidade, que é toda ouro limpo, não há de entrar coisa suja*[15], que espera quem tão suja e tão torpemente viveu?

Depois disto sucedem os sacramentos da Confissão e Comunhão e da Extrema-Unção [sic], que é o último socorro com que a Igreja nos pode ajudar nesse trabalho, e assim neste como nos outros deves considerar as ânsias e angústias que ali o homem padecerá por haver mal vivido e quanto quisera ter levado outro caminho. Que vida faria então se lhe dessem tempo para isso? E como ali se esforçará para chamar a Deus, mas as dores e a pressa da enfermidade mal lhe darão lugar.

---

13. Pr 23,31.32.

14. Gl 6,8.

15. Ap 21,27.

Olha também aqueles derradeiros acidentes da enfermidade, que são como mensageiros da morte, quão espantosos são, e quão para temer. Levanta-se o peito, enrouquece-se a voz, morrem-se os pés, gelam-se os joelhos, afilam-se as narinas, afundam-se os olhos, para-se o rosto defunto e logo a língua não acerta a fazer o seu ofício; finalmente, turbados com a grande pressa da alma que se parte, todos os sentidos perdem o seu valor e a sua virtude. Mas sobretudo a alma é que ali padece os maiores trabalhos, porque ali está batalhando e agonizando, parte pela saída e parte pelo temor da conta que se prepara; porque ela, naturalmente, recusa a saída e ama a estada e teme a conta.

Saída já a alma das carnes, ainda te ficam dois caminhos por andar, um acompanhando o corpo até à sepultura, e o outro seguindo a alma até à determinação de sua causa, considerando o que a cada uma destas partes acontecerá. Olha, pois, qual fica o corpo depois que sua alma o desampara, e qual essa nobre vestidura que lhe preparam para enterrá-lo, e quão depressa procuram botá-lo fora de casa. Considera o seu enterramento com tudo o que nele ocorrerá, o dobrar dos sinos, o perguntarem todos pelo morto, os ofícios e cantos dolorosos da Igreja, o acompanhamento e sentimento dos amigos e, finalmente, todas as particularidades que ali soem acontecer até deixar o corpo na sepultura, onde ficará sepultado naquela terra de perpétuo olvido.

Deixado o corpo na sepultura, vai-te logo em pós da alma e olha o caminho que ela levará por aquela nova região, e no qual, finalmente, parará, e como será julgada. Imagina que já estás presente a este juízo e que toda a corte do céu está aguardando o fim desta sentença, onde se fará a carga e a descarga de todo o recebido até a ponta de agulheta. Ali se pedirá conta da vida, dos haveres, da família, das inspirações de Deus, das condições que tivemos para bem viver, e sobretudo do sangue de Cristo, e ali será cada um julgado segundo a conta que der do recebido.

QUINTA-FEIRA

Neste dia pensarás no juízo final, para que com esta consideração se despertem em tua alma aqueles dois tão principais afetos que deve ter todo fiel cristão, convém saber: *temor de Deus e aborrecimento do pecado.*

Pensa, pois, em primeiro lugar quão terrível será aquele dia em que se averiguarão as causas de todos os filhos de Adão, se concluirão os processos de nossas vidas e se dará sentença definitiva do que para sempre há de ser. Aquele dia abrangerá em si os dias de todos os séculos presentes, passados e futuros, porque nele o mundo dará conta de todos estes tempos e nele derramará a ira e sanha que tem recolhida em todos os séculos. Pois que tão arrebatado sairá então aquele tão caudaloso rio da indignação divina, tendo tantas arremetidas de ira e sanha quantos pecados se hão feito desde o princípio do mundo.

Em segundo, considera os sinais espantosos que precederão este dia, porque (como diz o Salvador) antes que venha este dia haverá sinais no sol e na lua e nas estrelas, e finalmente em todas as criaturas do céu e da terra[16]. Porque todas elas sentirão seu fim antes que feneçam, estremecerão e começarão a cair primeiro que caiam. Mas os homens (diz ele) andarão secos e definhados de morte, ouvindo os bramidos espantosos do mar e vendo as grandes ondas e tormentas que ele levantará, conjeturando por aquilo as grandes calamidades e misérias que com tão temerosos sinais ameaçam o mundo. E assim andarão atônitos e espantados, com os rostos amarelos e desfigurados, antes da morte mor-

---

16. Lc 21,25.

tos, e antes do juízo sentenciados, medindo os perigos com seus próprios temores e tão ocupados cada um com o seu, que se não lembrará do alheio, ainda que seja pai ou filho. Ninguém haverá para ninguém, porque ninguém bastará para si só.

Em terceiro considera aquele dilúvio universal de fogo que virá adiante do Juiz, aquele som temeroso da trombeta que o arcanjo tocará para convocar todas as gerações do mundo a que se juntem num lugar e se achem presentes em juízo; e sobretudo a majestade tremenda com que há de vir o Juiz.

Depois disto considera quão estrita será a conta que ali a cada um se pedirá. *Verdadeiramente* (diz Jó) *não poderá o homem ser justificado se se compara com Deus*[17]. E, se se quiser pôr com Ele em juízo, de mil cargas que Ele lhe faça, não poderá ele responder a uma só. Pois, que não sentirá então cada um dos maus, quando Deus entre com ele neste exame e lá dentro da sua consciência diga assim: *Vem cá, homem mau, que viste em mim, porque assim me desprezaste e te passaste ao bando de meu inimigo? Criei-te à minha imagem e semelhança. Dei-te a luz da fé, fiz-te cristão e te remi com meu próprio sangue. Por ti jejuei, caminhei, velei, trabalhei e suei gotas de sangue. Por ti sofri perseguições, açoites, blasfêmias, escárnios, bofetadas, desonras, tormentos e cruz. Testemunhas são esta cruz e cravos que aqui aparecem; testemunhas estas chagas de pés e mãos, que em meu corpo ficaram; testemunhas o céu e a terra, diante dos quais padeci. Pois, que fizeste dessa tua alma que eu com meu sangue fiz minha? No serviço de quem empregaste o que eu tão caro comprei? Ó geração louca e adúltera! Por que mais quiseste servir a esse teu inimigo com trabalho, do que a mim, teu Redentor e Criador, com alegria? Chamei-vos tantas vezes e não me respondestes; bati às vossas portas e não acordastes; estendi minhas mãos na cruz, e não as olhastes; desprezastes os meus*

---

17. Jo 3,3.

conselhos e todas as minhas promessas e ameaças; pois dizei agora vós, anjos; julgai vós, juízes, entre mim e minha vida, que mais devi eu fazer por ela do que fiz?[18] E que responderão aqui os maus, os zombadores das coisas divinas, os mofadores da virtude, os menosprezadores da simplicidade, os que tiveram mais conta com as leis do mundo do que com a de Deus, os que a todas as suas vozes estiveram surdos, a todas as suas inspirações insensíveis, a todos os seus mandamentos rebeldes e a todos os seus açoites e benefícios ingratos e duros? Que responderão os que viveram como se cressem que não havia Deus e os que com nenhuma lei tiveram conta senão só com o seu interesse? *Que fareis vós tais* (diz Isaías) *no dia da visitação e calamidade que vos virá de longe?*[19] A quem pedireis socorro e que vos aproveitará a abundância das vossas riquezas?

Em quinto, considera, depois de tudo isto, a terrível sentença que o Juiz fulminará contra os maus e aquela temerosa palavra que fará retinir os ouvidos de quem o ouvir: *Seus lábios* (diz Isaías) *estão cheios de indignação, e sua língua é como fogo que devora*[20]. Que fogo abrasará tanto como aquelas palavras: *Afastai-vos de mim, malditos, para o fogo eterno que está preparado para satanás e para seus anjos?*[21] Em cada uma de quais palavras muito tens que sentir e que pensar, no afastamento, na maldição, no fogo, na companhia, e sobretudo na eternidade.

SEXTA-FEIRA

Neste dia meditarás nas penas do inferno, para que com esta meditação também mais se confirme tua alma no temor de Deus e aborrecimento do pecado.

---

18. Is 5.

19. Is 10,3.

20. Is 30,27.

21. Mt 25,45.

Estas penas (diz São Boaventura) devem-se imaginar debaixo de algumas figuras e semelhanças corporais que os santos nos ensinaram. Pelo que será coisa conveniente imaginar o lugar do inferno (segundo o mesmo diz) como um lago escuro e tenebroso, posto debaixo da terra, ou como um poço profundíssimo cheio de fogo, ou como uma cidade espantosa e tenebrosa, que toda arde em vivas chamas, na qual não soa outra coisa senão vozes e gemidos de atormentadores e atormentados, com perpétuo pranto e ranger de dentes.

Pois neste mal-aventurado lugar se padecem duas penas principais: uma a que chamam de *sentido* e a outra de *dano*. E quanto à primeira, pensa como não haverá ali sentido algum dentro nem fora da alma que não esteja penando com seu próprio tormento, porque assim como os maus ofenderam a Deus com todos os seus membros e sentidos e de todos fizeram armas para servir ao pecado, assim ordenará Ele que cada um deles pene com seu próprio tormento e pague seu merecido. Ali os olhos adúlteros e desonestos padecerão com a visão horrível dos demônios. Ali os ouvidos que se deram a ouvir mentiras e palavras torpes ouvirão perpétuas blasfêmias e gemidos. Ali os narizes amadores de perfumes e odores sensuais serão cheios de intolerável fétido. Ali o gosto que se regalava com diversos manjares e guloseimas será atormentado com raivosa fome e sede. Ali a língua murmuradora e blasfema será amargada com fel de dragões. Ali o tato amador de regalos e branduras andará nadando naquelas geleiras (que diz Jó) do Rio Cocito[22] e entre os ardores e chamas do fogo. Ali a imaginação padecerá com a apreensão das dores presentes; a memória com a recordação dos prazeres passados; o entendimento com a representação dos males futuros e a vontade

---

22. Jó 21,33.

com grandíssimas iras e raivas que os maus terão contra Deus. Finalmente, ali se acharão em um todos os males e tormentos que se podem pensar, porque (como diz São Gregório), *ali haverá frio que não se possa sofrer, fogo que se não possa apagar, verme imortal, fétido intolerável, trevas palpáveis, açoites de atormentadores, visão de demônios, confusão de pecados e desesperação de todos os bens*[23]. Pois dize-me agora: se o menor de todos estes males que há cá, que se padecesse por mui pequeno espaço de tempo, seria tão duro de aturar, que será padecer ali num mesmo tempo toda esta multidão de males em todos os membros e sentidos interiores e exteriores e isto não por espaço de uma noite só, nem de mil, porém de uma eternidade infinita? Que sentidos? Que palavras? Que juízo há no mundo capaz de sentir ou encarecer isto como é?

Pois não é esta a maior das penas que ali se passam: outra há, sem comparação, maior, que é a que os teólogos chamam *pena de dano*, a qual é ter de carecer para sempre da visão de Deus e de sua gloriosa companhia, porque tanto é maior uma pena quanto de maior bem priva o homem, e, pois, que Deus é o maior bem dos bens, assim carecer dele será o maior mal dos males, qual de verdade é este.

Estas são as penas que geralmente competem a todos os condenados. Mas além destas penas gerais há outras particulares que ali padecerá cada um conforme a qualidade do seu delito. Porque uma será a pena do soberbo, e outra a do invejoso, e outra a do avarento, e outra a do luxurioso, e assim os demais. Ali se regulará a dor conforme o deleite recebido, e a confusão conforme a presunção e soberba, e a desnudez conforme a demasia e abundância e a fome e sede conforme o regalo e a fartura passada.

---

23. Lib. 9, *Moral*, 46.

A todas essas penas sucede a *eternidade do padecer*, que é como o selo e a chave de todas elas, porque tudo isto ainda seria tolerável se fosse finito, porque nenhuma coisa é grande se tem fim. Pena, porém, que não tem fim, nem alívio, nem declínio, nem admiração, nem há esperança de que se acabará algum dia, nem a pena, nem o que a dá, nem o que a padece, senão que é como um desterro preciso e como um sambenito irremissível, que nunca jamais se tira; isto é coisa para tirar o juízo a quem atentamente a considera.

Esta é, pois, a maior das penas que naquele mal-aventurado lugar se padecem; porque, se estas penas houvessem de durar por algum tempo limitado, ainda que fossem mil anos, ou cem mil anos, ou, como diz um doutor, *se esperasse que se haviam de acabar em se esgotando toda a água do mar Oceano, tirando cada mil anos uma só gota do mar, ainda isto lhes seria alguma espécie de consolo.* Mas isto assim não é, senão que suas penas competem com a eternidade de Deus, e a duração da sua miséria com a duração da divina glória; enquanto Deus viver eles morrerão e, quando Deus deixar de ser o que é, eles deixarão de ser o que são; pois nesta duração, nesta eternidade quereria eu, irmão meu, que fincasses os olhos da consideração e que (como animal limpo) ruminasses agora este passo dentro de ti, pois clama no seu Evangelho aquela eterna verdade, dizendo: *O céu e a terra passarão; porém minhas palavras não passarão*[24].

SÁBADO

Neste dia pensarás na glória dos bem-aventurados, para que por aqui se mova teu coração ao desprezo do mundo e desejo da companhia deles. E, para entenderes algo deste bem, podes considerar estas cinco coisas entre

---

24. Mt 24,25.

outras que há nele, convém saber: a excelência do lugar, o gozo da companhia, a visão de Deus, a glória dos corpos e, finalmente, o cumprimento de todos os bens que ali há.

Primeiramente, considera a excelência do lugar e assinaladamente a grandeza do que é admirável, porque, quando o homem lê em alguns graves autores que qualquer das estrelas do céu é maior do que toda a terra e ainda que haja algumas delas de tão notável grandeza que são noventa vezes maiores do que toda ela; e com isto alça ele os olhos ao céu e vê neste tanta multidão de estrelas e tantos espaços vazios, onde poderiam caber outras tantas muitas mais, como se espanta? Como não fica atônito e fora de si considerando a imensidade daquele lugar, e muito mais a daquele soberano Senhor que o criou?

Pois a beleza dele não se pode explicar com palavras, porque, se neste vale de lágrimas e lugar de desterro criou Deus coisas tão admiráveis e de tanta beleza, que não terá Ele criado naquele lugar, que é aposento da sua glória, trono da sua grandeza, palácio de Sua Majestade, casa de seus escolhidos e paraíso de todos os deleites?

Depois da excelência do lugar considera a nobreza dos moradores dele, cujo número, cuja santidade, cujas riquezas e beleza excedem tudo o que se pode pensar. São João diz *que é tão grande a multidão dos escolhidos, que ninguém basta para os contar*[25]. São Dionísio diz *que é tão grande o número dos anjos, que excede sem comparação o de todas quantas coisas materiais há na terra*[26]. Santo Tomás, conformando-se com este parecer, diz: *Que assim como a grandeza dos céus excede sem proporção a da terra, assim a multidão daqueles espíritos gloriosos excede com a*

---

25. Ap 5,7.
26. Lib. *Caelest. Hierarch.*, 9.

mesma vantagem a de todas as coisas materiais que há neste mundo[27]. Pois, que coisa pode ser mais admirável? Por certo, coisa é esta que, se bem se considerasse, bastaria para deixar atônitos todos os homens. E, se cada um daqueles bem-aventurados espíritos (ainda que seja o menor deles) é mais belo de ver do que todo este mundo visível, que será ver as perfeições e ofícios de cada um deles? Ali correm os anjos, ministram os arcanjos, triunfam os principados e alegram-se as potestades, dominam as dominações, resplandecem as virtudes, relampagueiam os tronos, luzem os querubins e ardem os serafins, e todos cantam louvores a Deus. E se a companhia e comunicação dos bons é tão doce e amigável, que será tratar ali com tantos bons, falar com os apóstolos, conversar com os profetas, comunicar com os mártires e com todos os escolhidos?

E, se tão grande glória é gozar da companhia dos bons, que será gozar da companhia e presença daquele a quem louvam as estrelas da manhã, de cuja beleza o sol e a lua se maravilham, ante cujo merecimento se ajoelham os anjos e todos aqueles espíritos soberanos? Que será ver aquele bem universal em quem estão todos os bens e aquele mundo maior em que estão todos os mundos, Aquele que sendo Uno é todas as coisas e sendo simplíssimo abrange as perfeições de todas? Se tão grande coisa foi ouvir e ver o Rei Salomão, que dizia a rainha de Sabá: *Bem-aventurados os que assistem diante de ti e fruem da tua sabedoria*[28], que será ver aquele sumo Salomão, aquela eterna sabedoria, aquela infinita grandeza, aquela beleza inestimável, aquela imensa bondade e gozar dela para sempre? Esta é a glória essencial dos santos, este o último fim e porto de todos os nossos desejos.

---

27. 1ª Pet. e 58, art. 3.
28. 4 Regum, 10, 8.

Considera, depois disto, a glória dos corpos, os quais gozarão daqueles quatro singulares dotes, que são *sutileza, ligeireza, impassibilidade e claridade*, a qual será tão grande que cada um deles resplandecerá como o sol no reino de seu Pai. Pois, se não mais de um sol, que está no meio do céu, basta para dar luz e alegria a todo este mundo que farão tantos sóis e lâmpadas como ali resplandecerão? E que direi de todos os outros bens que ali há? Ali haverá saúde sem enfermidade, liberdade sem servidão, beleza sem fealdade, imortalidade sem corrupção, abundância sem necessidade, sossego sem turbação, segurança sem temor, conhecimento sem erro, fartura sem fastio, alegria sem tristeza e honra sem contradição. *Ali* (diz Santo Agostinho) *será verdadeira a glória, onde nenhum será louvado por erro nem por lisonja. Ali será verdadeira a honra, a qual nem se negará ao digno, nem se concederá ao indigno. Ali será verdadeira a paz, onde nem de si nem de outro será o homem molestado. O prêmio da virtude será Aquele mesmo que deu a virtude e se prometeu por galardão dela, o qual se verá sem fim, se amará sem tédio, e se louvará sem cansaço. Ali o lugar é largo, belo, resplandecente e seguro; a companhia muito boa e agradável, o tempo de uma só maneira: não há distinto em tarde e manhã, senão continuado com uma simples eternidade. Ali haverá perpétuo verão, que com o frescor e ar do Espírito Santo sempre floresce. Ali todos se alegram, todos cantam e louvam aquele sumo doador de tudo, por cuja largueza vivem e reinam para sempre. Oh! Cidade Celestial, morada segura, terra onde se acha tudo o que deleita! Povo sem murmuração, habitantes quietos de homens sem nenhuma necessidade! Oh! Se se acabasse já esta contenda, oh! Se se concluíssem os dias do meu desterro!, quando chegará esse dia? Quando virei e comparecerei ante a face de meu Deus?*[29]

---

29. *De Civit. Dei*, lib. 22, cap. 30.

DOMINGO

Neste dia pensarás nos benefícios divinos, para dares graças ao Senhor por eles e mais te incenderes no amor de quem tanto bem te fez. E conquanto inúmeros sejam estes benefícios, contudo podes, ao menos, considerar estes cinco mais principais, a saber: da Criação, Conservação, Redenção, Vocação com os outros benefícios particulares e ocultos.

E primeiramente, quanto ao benefício da criação, considera com muita atenção o que eras antes de seres criado, o que Deus fez contigo e te deu, antes de todo merecimento. Convém saber: esse corpo com todos os seus membros e sentidos e essa alma tão excelente, com aquelas três tão notáveis potências, que são entendimento, memória e vontade. E olha bem que te dar esta tal alma foi dar-te todas as coisas, pois nenhuma perfeição há em alguma criatura que o homem não a tenha de sua maneira por onde parece que nos dar esta peça só, foi dar-nos de uma vez todas as coisas juntas.

Quanto ao benefício da conservação, olha quão pendente está todo o teu ser da Providência Divina; como não viverias um momento, nem darias um passo, se não fosse por Ele; como todas as coisas do mundo Ele criou para teu serviço: o mar, a terra, as aves, os peixes, os animais, as plantas, até os próprios anjos do céu. Considera com isto a saúde que Ele te dá, as forças, a vida, o alimento com todos os outros socorros temporais. E sobre tudo isto, pondera muito as misérias e desastres em que cada dia vês caírem os outros homens, nos quais também poderias ter caído, se Deus, por sua piedade, não te houvera preservado.

Quanto ao benefício da redenção, podes considerar duas coisas: a primeira, quantos e quão grandes tenham sido os bens que Ele nos deu mediante o benefício da redenção; e a segunda, quantos e quão grandes hajam sido os males que Ele padeceu em seu corpo e alma santíssima, para nos ganhar estes bens; e para mais sentires o que deves a este Senhor pelo que por ti padeceu, podes considerar estas quatro circunstâncias principais no mistério da sua Sagrada Paixão, a saber: *quem padece, que é que padece, por quem padece e por que causa o padece.* Quem padece? Deus. Que é que padece? Os maiores tormentos e desonras que jamais se padeceram. Por quem padece? Por criaturas infernais e abomináveis, e semelhantes aos próprios demônios em suas obras. Por que causa padece? Não por seu proveito nem por nosso merecimento, senão pelas entranhas da sua infinita caridade e misericórdia.

Quanto ao benefício da vocação, considera primeiramente quamanha mercê de Deus foi fazer-te cristão, chamar-te à fé por meio do batismo e fazer-te também participante dos outros sacramentos. E se, depois deste chamamento, perdida já a inocência, Ele te tirou do pecado, te volveu à sua graça e te pôs em estado de saúde, como o poderias louvar por este benefício? Que tão grande misericórdia foi aguardar-te tanto tempo e sofrer-te tantos pecados, enviar-te tantas inspirações, e não te cortar o fio da vida como cortou a tantos outros nesse mesmo estado; e, finalmente, chamar-te com tão poderosa graça que ressuscitasses de morte a vida e abrisses os olhos à luz! Que misericórdia foi, depois de já convertido tu, dar-te graça para não tornares ao pecado, venceres o inimigo e perseverares no bem! Estes são os benefícios públicos e conhecidos: há outros secretos, que não os conhece senão só aquele que os recebeu e ainda outros há tão secretos, que não os conhece o próprio que os recebeu, senão só aquele que os fez. Quantas vezes terás neste mundo merecido por tua soberba, ou negligência, ou desagradecimento, que Deus te desamparasse, como terá desamparado a outros muitos por algumas destas causas, e não o fez! Quantos males, e ocasiões de males, terá prevenido o Senhor com sua providência, desfazendo as redes do inimigo, encurtando-lhe os passos, e não dando lugar a seus tratos e conselhos! Quantas vezes terá feito com cada um de nós aquilo que Ele disse a São Pedro: *Olha que satanás andava muito empenhado em vos joeirar a todos como a trigo, mas eu roguei por ti, para que a tua fé não desfaleça!*[30] Pois, quem poderá saber estes segredos senão só Deus? Os benefícios positivos, bem os pode às vezes conhecer o homem, mas os privativos, que não consistem em nos fazer bens, mas em nos livrar de males, quem os conhecerá? Pois, assim por estes como pelos outros, razão é que demos sempre graças ao Senhor, que entendamos quão alcançados andamos de contas e quanto mais é o que devemos do que o que lhe podemos pagar, pois ainda não o podemos entender.

---

30. Lc 22,31.

❧ Capítulo III ❧

Do tempo e fruto destas meditações sobreditas

Estas são, cristão leitor, as sete primeiras meditações em que podes filosofar e ocupar o teu pensamento pelos dias da semana, não porque não possas também pensar noutras coisas e noutros dias além destes, porque, como já dissemos, qualquer coisa que induz nosso coração a amor e temor de Deus e guarda dos seus mandamentos, é matéria de meditação. Mas assinalam-se estes passos que tenho dito: uma, porque são os principais mistérios de nossa fé e os que (quanto é de sua parte) mais nos movem ao dito; e outra, para que os principiantes (que hão mister de leite) tenham aqui quase mastigadas e digeridas as coisas que podem meditar, para que não andem como peregrinos em estranha região, discorrendo por lugares incertos, tomando umas coisas e deixando outras, sem ter estabilidade em nenhuma.

Também é de saber que as meditações desta semana são mui convenientes, como já dissemos, para o princípio da conversão (que é quando o homem de novo se volve para Deus), porque então convém começar por todas aquelas coisas que nos possam mover a dor e aborrecimento do pecado e temor de Deus e desprezo do mundo, que são os primeiros degraus deste caminho. E por isto devem, os que começam, perseverar por algum espaço de tempo na consideração destas coisas, para que assim se fundem mais nas virtudes e afetos sobreditos.

∂ Capítulo IV ∂

Das outras sete meditações da Sagrada Paixão e da maneira que havemos de ter em meditá-la

Depois destas, seguem-se as outras sete meditações da Sagrada Paixão, Ressurreição e Ascensão de Cristo, às quais se poderão acrescentar as outras passagens principais da sua vida sacratíssima.

Aqui é de notar que seis coisas se hão de meditar na Paixão de Cristo: a grandeza de suas dores, para nos compadecermos delas. A gravidade do nosso pecado, que é a causa, para aborrecê-lo. A grandeza do benefício, para agradecê-lo. A excelência da divina bondade e caridade, que ali se descobre, para amá-la. A conveniência do mistério, para nos maravilharmos dele. E a multidão *das virtudes de Cristo, que ali resplandecem, para imitá-las*. Pois conforme a isto, quando vamos meditando devemos ir inclinando o nosso coração, umas vezes à compaixão das dores de Cristo, pois foram as maiores do mundo, assim pela delicadeza de seu corpo, como pela grandeza de seu amor, como também por padecer sem nenhuma maneira de consolação, como noutra parte está declarado. Outras vezes devemos ter respeito a tirar daqui motivos de dor de nossos pecados, considerando terem eles sido a causa de que Ele padecesse tantos e tão graves dores como padeceu. Outras vezes devemos tirar daqui motivos de amor e agradecimento, considerando a grandeza do amor que Ele por aqui nos revelou e a grandeza do benefício que nos fez redimindo-nos tão copiosamente, com tanta custa sua e tanto proveito nosso.

Outras vezes devemos levantar os olhos a pensar a conveniência do meio que Deus tomou para curar a nossa miséria, isto é, para satisfazer por nossas dívidas, para socorrer nossas necessidades, para nos merecer a sua graça e humilhar a nossa soberba e induzir-nos ao menosprezo do mundo, ao amor da cruz, da pobreza, da asperidade, das injúrias e de todas os outros trabalhos virtuosos e honestos.

Outras vezes devemos pôr os olhos nos exemplos de virtudes que em sua sacratíssima vida e morte resplandecem, em sua mansidão, paciência, obediência, misericórdia, pobreza, aspereza, caridade, humildade, benignidade, modéstia e em todas as outras virtudes, que em todas as suas obras e palavras, mais do que as estrelas no céu, refulgem, para imitar algo do que nele vemos, porque não tenhamos ocioso o espírito e graça que dele para isto recebemos, e assim caminhemos a Ele por Ele. Esta é a mais alta e a mais proveitosa maneira que existe de meditar a Paixão de Cristo, que é por via de imitação, para que pela imitação venhamos à transformação, e assim já possamos dizer como o apóstolo: *Vivo eu, já não eu, mas vive em mim Cristo*[31].

Demais disto, convém em todos estes passos ter Cristo diante dos olhos presente, fazer de conta que o temos diante quando Ele padece e ter conta, não só com a história de sua Paixão, senão também com todas as circunstâncias dela, especialmente com estas quatro: *Quem padece? Por quem padece? Como padece? Por que causa padece?* Quem padece? Deus todo-poderoso, infinito, imenso, etc. Por quem padece? Pela mais ingrata e desconhecida criatura do mundo. Como padece? Com grandíssima humildade, caridade, benignidade, mansidão, misericórdia, paciência, modéstia, etc. Por que causa padece? Não por algum interesse seu, nem merecimento nosso, mas pelas sós entranhas de sua

---

31. Gl 2,20.

infinita piedade e misericórdia. Além disto, não se contente o homem com olhar o que por fora Ele padece, porém muito mais o que Ele padece por dentro, porque muito mais há que contemplar na alma de Cristo do que no corpo de Cristo, assim no sentimento de suas dores, como nos outros afetos e considerações que nela havia.

Pressuposto, pois, agora este pequeno preâmbulo, comecemos a repetir e pôr por ordem os mistérios desta Sagrada Paixão. Seguem-se as outras sete meditações da Sagrada Paixão.

SEGUNDA-FEIRA

Neste dia, feito o sinal da cruz com a preparação que adiante se põe, há de pensar-se o lava-pés e a instituição do Santíssimo Sacramento.

Considera, pois, ó minha alma, nesta ceia o teu doce e benigno Jesus e olha o exemplo inestimável de humildade que Ele aqui te dá, levantando-se da mesa e lavando os pés dos seus discípulos. Ó bom Jesus! Que é isso que fazes? Ó doce Jesus! Por que tanto se humilha a tua majestade? Que sentirias, alma minha, se visses ali a Deus ajoelhado ante os pés dos homens e ante os pés de Judas? Ó cruel, como te não abranda o coração essa tão grande humildade? Como não te rompe as entranhas essa tamanha mansidão? Será possível que tenhas ordenado vender esse mansíssimo Cordeiro? Será possível que não te tenhas agora compungido com este exemplo? Ó brancas e belas mãos! Como podeis tocar pés tão sujos e abomináveis? Ó mãos puríssimas! Como não tendes asco de lavar os pés enlameados nos caminhos e tratos do vosso sangue? Ó apóstolos bem-aventurados! Como não tremeis vendo essa tão grande humildade? Pedro, que fazes? Porventura consentirás que o

Senhor da Majestade te lave os pés? Maravilhado e atônito, São Pedro, como visse o Senhor ajoelhado diante dele, começou a dizer: *Tu, Senhor, a mim me lavas os pés?*[32] Não és o Filho de Deus vivo? Não és o Criador do mundo, a beleza do céu, o paraíso dos anjos, o remédio dos homens, o resplendor da glória do Pai, a fonte da sabedoria de Deus nas alturas? Então me queres a mim lavar os pés? Tu, Senhor, de tanta majestade e glória, queres ocupar-te em ofício de tamanha baixeza?

Considera também como, acabando de lavar os pés, Ele os alimpa com aquela sagrada toalha de que estava cingido; sobe mais acima com os olhos da alma e verás ali representado o mistério da nossa Redenção. Olha como aquela toalha recolheu em si toda a imundície dos pés sujos, eles assim ficaram limpos, a toalha ficaria toda manchada e suja depois de feito este ofício. Que coisa mais suja do que o homem concebido em pecado e que coisa mais limpa e mais bela do que Cristo concebido do Espírito Santo? *Alvo e corado é meu amado* (diz a Esposa), *e escolhido entre milhares*[33]. Pois este tão belo e limpo quis receber em si todas as manchas e fealdades de nossas almas, e, deixando-as limpas e livres delas, ficou (como o vês) na cruz manchado e afetado com elas.

Depois disto, considera aquelas palavras com que o Salvador deu fim a esta história, dizendo: *Exemplo vos dei, para que como Eu o fiz, assim o façais*[34]. As quais palavras não só se hão de referir a este passo e exemplo de humildade, senão também a todas as obras e vida de Cristo, porque ela

---

32. Jo 13,6.
33. Ct 5,10.
34. Jo 13,15.

é um perfeitíssimo exemplar de todas as virtudes, especialmente da que neste lugar se nos representa.

Da instituição do Santíssimo Sacramento

Para entender alguma coisa deste mistério hás de pressupor que nenhuma língua criada pode declarar a grandeza do amor que Cristo tem à sua Esposa, a Igreja; e, por conseguinte, a cada uma das almas que estão em graça, porque cada uma delas também é sua esposa. Ora, querendo este Esposo dulcíssimo partir-se desta vida e ausentar-se de sua Esposa, a Igreja (para que esta ausência não lhe fosse causa de esquecimento), deixou-lhe por memorial este Santíssimo Sacramento (em que ficava Ele mesmo), não querendo que entre Ele e ela houvesse outro penhor que despertasse a sua memória, senão só Ele. Queria também o Esposo nesta ausência tão longa deixar a sua Esposa, companhia para que não ficasse só; e deixou-lhe a deste sacramento, onde fica Ele mesmo, que era a melhor companhia que lhe podia deixar. Queria também então ir padecer morte pela Esposa, redimi-la e enriquecê-la com o preço de seu sangue. E para que ela pudesse (quando quisesse) gozar deste tesouro, deixou-lhe as chaves dele neste Sacramento; porque (como diz São Crisóstomo), *todas as vezes que nos chegamos a ele, devemos pensar que chegamos a pôr a boca no lado de Cristo, bebemos daquele precioso sangue, e nos fazemos participantes dele*[35]. Desejava, outrossim, este celestial esposo ser amado de sua esposa com grande amor e para isto ordenou este misterioso bocado, com tais palavras consagrado, que quem dignamente o recebe logo é tocado e ferido deste amor.

Queria também assegurá-la, e dar-lhe penhores daquela bem-aventurada herança da glória, para que, com a esperan-

---

35. Homil. 84 in Joan.

ça deste bem, passasse alegremente por todos os outros trabalhos e asperezas desta vida. Pois para que a esposa tivesse certa e segura a esperança deste bem, deixou-lhe cá em penhor este tesouro inefável que vale tanto como tudo o que lá se espera, para que ela não desconfiasse de que Deus se lhe dará na glória, onde ela viverá em espírito, pois não se lhe negou neste vale de lágrimas, onde ela vive em carne.

Queria também na hora de sua morte fazer testamento e deixar à Esposa alguma doação assinalada para seu remédio e deixou-lhe esta, que era a mais preciosa e proveitosa que lhe pudesse deixar, pois nela se deixa a Deus. Queria, finalmente, deixar às nossas almas suficiente provisão e alimento com que vivessem, porque não tem a alma menor necessidade de seu próprio alimento para viver vida espiritual que o corpo do seu para a vida corporal. E para isto ordenou este tão sábio médico (o qual também tinha tomado o pulso da nossa fraqueza) este sacramento, por isso o ordena em espécie de alimento, para que a mesma espécie em que o instituiu nos declarasse o efeito que obrava e a necessidade que nossas almas dele tinham, não menor do que a que os corpos têm do seu próprio manjar.

TERÇA-FEIRA

Neste dia pensarás na Oração do Horto, na prisão do Salvador, e na entrada e afrontas da casa de Anás.

Considera, pois, primeiramente como, acabada aquela misteriosa Ceia, foi-se o Senhor com seus discípulos ao Monte Olivete a fazer oração antes que entrasse na batalha de sua Paixão, para nos ensinar como em todos os trabalhos e tentações desta vida hemos sempre de recorrer à oração como a uma sagrada âncora, por cuja virtude, ou nos será tirada a carga da tribulação, ou se nos darão forças para levá-la, que é outra graça maior. Para companhia deste caminho tomou Ele consigo aqueles três mais amados discípulos, São Pedro, São Tiago e São João[36], os quais haviam sido testemunhas de sua gloriosa transfiguração, para que eles mesmos vissem quão diferente figura tomava Ele agora por amor dos homens, Ele que tão glorioso se lhes havia mostrado naquela visão. E para que entendessem não serem menores os trabalhos interiores de sua alma que os que por fora começava a revelar, disse-lhes aquelas tão dolorosas palavras: *Triste está minha alma até à morte. Esperai-me aqui, e velai comigo*[37]. Acabadas estas palavras, apartou-se o Senhor dos discípulos coisa de um tiro de pedra, e, prostrado em terra com grandíssima reverência, começou a sua oração, dizendo: *Pai, se é possível, trespassa de mim este cálice, mas não se faça como eu quero, senão como tu*[38]. E, feita esta oração três vezes, à terceira foi posto em tão grande agonia, que começou a suar gotas de sangue, que iam por todo o seu sagrado Corpo fio a fio até cair em terra. Considera, pois, o Senhor neste passo tão doloroso, olha como, representando-se-lhe ali todos os tormentos que Ele havia de padecer, apreendendo perfeitissimamente tão cruéis dores como se preparavam para o mais delicado dos corpos, pondo-se-lhe diante todos os pecados do mundo (pelos quais padecia) e o desagradecimento de tantas almas, que não haviam de reconhecer este benefício, nem se aproveitar de tão grande e custoso remédio, foi sua alma em tanta maneira angustiada, seus sentidos e carne delicadíssima tão turbados, que todas as forças e elementos de seu corpo se destemperaram, e a carne bendita abriu-se por todas as partes e deu lugar a que o sangue manasse por toda ela em tanta abundância, que corresse até a terra. E, se tal estava a carne, que só de ricochete padecia essas dores,

---

36. Mt 17.

37. Mt 26,38.

38. Mt 26,39.

que tal estaria a alma, que diretamente as padecia? Olha depois como, acabada a oração, chegou aquele falso amigo com aquela infernal companhia, renunciado já o ofício do apostolado e feito chefe e capitão do exército de satanás. Olha quão sem pejo se adiantou ele primeiro que todos, e, chegado ao bom Mestre, o vendeu com beijo de falsa paz. Naquela hora disse o Senhor aos que o vinham prender: *Assim como o ladrão, saístes a mim com espadas e lanças; e, havendo eu estado convosco cada dia no templo, não estendestes as mãos sobre mim; mas esta é a vossa hora e a do poder das trevas*[39]. Este é um mistério de grande admiração. Que coisa de maior espanto do que ver o Filho de Deus tomar imagem, não somente de pecador, senão também de condenado? *Esta* (diz Ele) *é a vossa hora e a do poder das trevas*[40]. Das quais palavras se infere que por aquela hora foi aquele inocentíssimo Cordeiro entregue em poder dos príncipes das trevas, que são os demônios, para que por meio de seus ministros executassem nele todos os tormentos e crueldades que quisessem. Pensa, pois, agora até onde por ti se abaixou aquela Alteza Divina, pois chegou ao extremo de todos os males, que é ser entregue em poder dos demônios. E porque a pena que teus pecados mereciam era esta, Ele quis submeter-se a esta pena para que ficasses livre dela.

Ditas essas palavras, arremeteu logo toda aquela alcateia de lobos famintos contra aquele manso Cordeiro, e uns o arrebatavam por uma parte, outros por outra, cada um como podia. Oh! Quão desumanamente o tratariam, quantas descortesias lhe diriam, quantos golpes e puxões lhe dariam, que de gritos e vozes alçariam, como costumam fazer os vencedores quando se veem já com a presa! Tomam aquelas santas mãos, que pouco antes haviam obra-

---

39. Mt 26,55.
40. Lc 22,53.

do tantas maravilhas, atam-nas mui fortemente com uns laços corrediços até lhe esfolar a pele dos braços e até fazer-lhe rebentar o sangue e assim o levam atado pelas ruas públicas com grande ignomínia. Olha-o muito bem qual vai por este caminho desamparado de seus discípulos, acompanhado de seus inimigos, a passo corrido, de fôlego acelerado, de cor mudada e de rosto já afogueado e enrubescido com a pressa do caminhar. E contempla, em tal mau tratamento de sua pessoa, tanta serenidade em seu rosto, tanta gravidade em seus olhos e aquele semblante divino que no meio de todas as descortesias do mundo nunca pôde ser obscurecido.

Depois podes ir com o Senhor à casa de Anás, e olha como ali, respondendo o Senhor cortesmente à pergunta que o pontífice lhe fez sobre seus discípulos e doutrina, um daqueles malvados, que presentes estavam, deu-lhe uma grande bofetada no rosto, dizendo: *Assim respondes ao pontífice?*[41] Ao que o Salvador benignamente respondeu: *Se mal falei, mostra-me em quê; e, se bem, por que me feres?* Olha, pois, aqui, ó minha alma, não somente a mansidão desta resposta, mas também aquele divino rosto marcado e corado com a força do golpe, aquela modéstia de olhos tão serenos e tão sem turbação naquela afronta e aquela alma santíssima no interior tão humilde e tão preparada para virar a outra face se o verdugo o pedisse.

QUARTA-FEIRA

Neste dia pensarás na apresentação do Senhor ante o Pontífice Caifás, nos trabalhos daquela noite, na negação de São Pedro e açoites na coluna.

---

41. Jo 18,22.

Primeiramente considera como da primeira casa de Anás levam o Senhor à do Pontífice Caifás, onde será razão que o vás acompanhando, e aí verás eclipsado o sol de justiça e cuspido aquele divino rosto em que desejam olhar os anjos. Porque, como o Salvador, conjurado pelo nome do Padre a dizer quem era, respondesse a esta pergunta o que convinha, aqueles que tão indignos eram de tão alta resposta, cegando-se com o brilho de tamanha luz, voltaram-se contra Ele como cães raivosos e ali descarregaram todas as suas iras e raivas. Ali todos à porfia lhe dão bofetões e pescoções; ali cospem com suas infernais bocas naquele divino rosto; ali lhe cobrem os olhos com um pano, dando-lhe bofetadas no rosto e brincam com Ele, dizendo: *Adivinha quem te bateu*[42]. Ó maravilhosa humildade e paciência do Filho de Deus! Ó formosura dos anjos! Rosto era esse para cuspir nele? Para o recanto mais desprezado costumam os homens virar o rosto quando querem cuspir e em todo esse palácio não se achou outro lugar mais desprezado do que teu rosto para cuspir nele? Como te não humilhas com este exemplo, tu que és terra e cinza?

Depois disto, considera os trabalhos que o Salvador passou toda aquela noite dolorosa, porque os soldados que o guardavam escarneciam dele (como diz São Lucas) e tomavam como meio para vencer o sono da noite o estar zombando e brincando com o Senhor da Majestade. Olha, pois, ó minha alma, como teu dulcíssimo Esposo está posto como alvo às setas de tantos golpes e bofetadas como ali lhe davam. Ó noite cruel! Ó noite desassossegada, na qual, ó meu bom Jesus, não dormias, nem dormiam os que tinham por descanso atormentar-te! A noite foi ordenada para que nela todas as criaturas tomassem repouso e descansassem os sentidos e membros cansados dos trabalhos

---

42. Mt 26,68; Lc 22,64.

do dia; e esta tomam agora os maus para te atormentar todos os membros e sentidos, ferindo teu corpo, afligindo tua alma, atando tuas mãos, esbofeteando o teu rosto, cuspindo o teu semblante, atormentando-te os ouvidos, para que no tempo em que todos os membros costumam descansar, todos eles em ti penassem e trabalhassem. Que matinas estas tão diferentes das que naquela hora te cantariam os coros dos anjos no céu! Lá dizem: Santo, santo; cá dizem: morra, morra, crucifica-o, crucifica-o. Ó anjos do paraíso, que umas e outras vozes ouvis: que sentíeis em vendo tão maltratado na terra Aquele a quem vós com tanta reverência tratais no céu? Que sentíeis em vendo que Deus tais coisas padecia pelos próprios que tais coisas faziam? Quem jamais ouviu tal maneira de caridade, que padeça alguém morte por livrar da morte o mesmo que lha dá?

Cresceram sobre isto os trabalhos daquela noite dolorosa com a negação de São Pedro, aquele amigo tão familiar, aquele escolhido para ver a glória da transfiguração, aquele entre todos honrado com o principado da Igreja; esse primeiro que todos, não uma, senão três vezes, em presença do próprio Senhor, jura e perjura que o não conhece, nem sabe quem Ele é. Ó Pedro, tão mau homem é esse que aí está, que por tão grande vergonha tens o haveres sequer conhecido? Olha que isso é condená-lo tu primeiro que os pontífices, pois dás a entender que Ele seja pessoa tal, que tu mesmo te desonras de conhecê-lo. POIS QUE MAIOR INJÚRIA PODE HAVER QUE ESSA? *Virou-se então o Salvador, e olhou para Pedro*[43]; vão-se-lhe os olhos trás aquela ovelha que se lhe havia perdido. Ó vista de maravilhosa virtude! Ó vista calada, mas grandemente significativa! Bem entendeu Pedro a linguagem e as vozes daquela vista, pois as do galo não bastaram para despertá-lo, e estas

---

43. Lc 22,61.

sim. Mas não somente falam, senão também obram os olhos de Cristo, e as lágrimas de Pedro o manifestam, as quais não tanto dos olhos de Pedro quanto dos olhos de Cristo manaram.

Depois de todas estas injúrias considera os açoites que o Salvador padeceu na coluna; porque o juiz, visto não poder aplacar a fúria daquelas feras infernais, determinou fazer nele um tão famoso castigo que bastasse para satisfazer a raiva daqueles corações tão cruéis, para que, contentes com isto, deixassem de pedir a morte dele. Entra pois agora, minha alma, com o espírito, no pretório de Pilatos, e leva contigo preparadas as lágrimas, que bem mister serão elas para o que ali verás e ouvirás. Olha como aqueles cruéis e vis carniceiros despem o Salvador de suas vestiduras com tanta desumanidade e como Ele se deixa despir delas com tanta humildade, sem abrir a boca, nem responder palavra a tantas descortesias como ali lhe fariam. Olha como depois atam aquele santo corpo a uma coluna para que assim o pudessem ferir a seu bel-prazer onde e como mais quisessem. Olha quão sozinho estava o Senhor dos anjos entre tão cruéis verdugos, sem ter de sua parte nem padrinhos, nem veladores que fizessem por Ele, nem sequer olhos que dele se compadecessem. Olha como logo começam eles com grandíssima crueldade a descarregar os seus látegos e disciplinas sobre aquelas carnes delicadíssimas e como se ajuntam açoites sobre açoites, chagas sobre chagas e feridas sobre feridas. Ali logo verias cingir-se aquele sacratíssimo corpo de equimoses, rasgar-se a pele, rebentar o sangue e correr a fios por todas as partes. Mas, sobre tudo isto, que não seria ver aquela tão grande chaga que no meio das costas estaria aberta, onde principalmente incidiam os golpes!

Considera depois como, acabados os açoites, o Senhor se cobriria, e como andaria por todo aquele pretório buscando suas vestes em presença daqueles cruéis carniceiros, sem que ninguém o servisse, nem ajudasse, nem provesse de nenhum lavatório, nem refrigério dos que costumam dar-se aos que assim ficam chagados. Todas estas são coisas dignas de grande sentimento, agradecimento e consideração.

QUINTA-FEIRA

Neste dia se há de pensar na coroação de espinhos e no *Ecce Homo*, e como o Salvador carregou a cruz às costas. A consideração destes passos tão dolorosos convida-nos a Esposa no livro dos Cânticos, por estas palavras: *Saí, filhas de Sião, e olhai o Rei Salomão com a coroa com que o coroou sua mãe no dia do seu desposório e no dia da alegria do seu coração*[44]. Ó minha alma, que fazes? Ó meu coração, que pensas? Minha língua, como emudeceste! Ó mui dulcíssimo Salvador meu! Quando abro os olhos e olho este retábulo tão doloroso que aqui se me põe diante, o coração se me parte de dor. Pois como já não bastavam, Senhor, os açoites passados, e a morte vindoura, e tanto sangue derramado, senão que por força haviam os espinhos de tirar o sangue da cabeça que os açoites perdoaram? Pois para que sintas, minha alma, algo deste passo tão doloroso, põe primeiro ante teus olhos a imagem antiga deste Senhor, a grande excelência de suas virtudes e depois torna a olhar da maneira como aqui está. Olha a grandeza da sua beleza, a modéstia dos seus olhos, a doçura de suas palavras, a sua autoridade, a sua mansidão, a sua serenidade e aquele aspecto seu de tanta veneração.

E, depois que assim o houveres olhado e te houveres deleitado de ver tão acabada figura, volve os olhos para olhá-lo tal qual aqui o vês, coberto com aquela púrpura de

---

44. Ct 3.

escárnio, com a cana por cetro real na mão, e aquele horrível diadema na cabeça, aqueles olhos mortais, aquele rosto defunto e aquela figura toda manchada com o sangue e afeada com as salivas, que por todo o rosto estavam estendidas. Olha-o todo por dentro e por fora, o coração atravessado com dores, o corpo cheio de chagas, desamparado de seus discípulos, perseguido dos judeus, escarnecido dos soldados, desprezado dos pontífices, desdenhado do rei iníquo, acusado injustamente e desamparado de todo favor humano. E não penses isto como coisa já passada, mas como presente; não como dor alheia, mas como tua própria. Põe-te tu mesmo no lugar do que padece e olha o que sentirias se numa parte tão sensível como é a cabeça te fincassem muitos e mui agudos espinhos que penetrassem até os ossos: e, que digo? Espinhos? Uma só picada de alfinete que fosse, a custo podê-la-ias sofrer. Pois então que não sentiria aquela delicadíssima cabeça com esta espécie de tormentos?

Acabada a coroação e escárnios do Salvador, tomou-o o juiz pela mão, assim como estava, tão maltratado, e, trazendo-o à vista do povo furioso, lhes disse: *Ecce Homo*[45]. Como se dissesse: Se por inveja lhe procuráveis a morte, vede-o aqui tal que não está para se lhe ter inveja, senão dó. Temíeis que Ele se fizesse rei, vede-o aqui tão desfigurado, que mal parece homem. Destas mãos atadas, que é que temeis? A este homem açoitado, que mais lhe demandais?

Por aqui podes entender, minha alma, que tal seria então o Salvador, pois o juiz acreditou que bastava a figura que ali trazia para quebrantar o coração de tais inimigos. Em o que bem podes entender quão mau caso seja não ter um cristão compaixão das dores de Cristo, pois elas eram tais que bastavam (segundo o juiz acreditou) para abrandar uns tão feros corações.

---

45. Jo 19,5.

Pois bem: como Pilatos visse que não bastavam as justiças que se haviam feito naquele santíssimo Cordeiro para amansar o furor de seus inimigos, entrou no pretório, e assentou-se no tribunal para dar final sentença naquela causa. Já estava às portas preparada a cruz, já assomava pelo alto aquela temerosa bandeira, ameaçando a cabeça do Salvador. Dada, pois, já e promulgada a sentença cruel, acrescentam os inimigos uma crueldade a outra, que foi carregar sobre aquelas costas, tão moídas e dilaceradas com os açoites passados, o madeiro da cruz. Com tudo isto, não recusou o piedoso Senhor esta carga, na qual iam todos os nossos pecados, antes a abraçou com suma caridade e obediência por nosso amor.

Caminha, pois, o inocente Isaac para o lugar do sacrifício com aquela carga tão pesada nos ombros tão fracos, seguindo-o muita gente e muitas piedosas mulheres, que com suas lágrimas o acompanhavam. Quem não havia de derramar lágrimas vendo o Rei dos anjos caminhar passo a passo com aquela carga tão pesada, tremendo-lhe os joelhos, inclinado o corpo, os olhos amortecidos, o rosto ensanguentado, com aquela grinalda na cabeça e com aqueles tão vergonhosos clamores e pregões que desferiam contra Ele.

Entretanto, minha alma, aparta um pouco os olhos deste cruel espetáculo e, com passos apressados, com angustiados gemidos, com olhos chorosos, caminha para o palácio da Virgem, e quando a ela chegares, prostrado ante seus pés, começa a lhe dizer com dolorosa voz: *Ó Senhor dos anjos, Rainha do céu, porta do paraíso, advogada do mundo, refúgio dos pecadores, salvação dos justos, alegria dos santos, mestra das virtudes, espelho de limpeza, título de castidade, legado de paciência e súmula de toda perfeição. Ai de mim, Senhora minha! Para que se aguardou minha vista para esta hora? Como posso eu viver tendo visto com meus olhos o que vi? Para que são mais palavras? Deixo teu unigênito Filho e meu Senhor em mãos de seus inimigos com uma cruz às costas para nela ser justiçado.*

Que sentido pode aqui alcançar até onde chegou esta dor à Virgem? Desfaleceu-lhe aqui a alma, e cobriu-se-lhe o rosto e todos os seus virginais membros de um suor de morte, que bastaria para lhe acabar a vida se a dispensação divina não a guardasse para maior trabalho e também para maior coroa.

Caminha, pois, a Virgem em busca do Filho, dando-lhe o desejo de ver as forças que a dor lhe tirava. Ouve desde longe o ruído das armas, o tropel das gentes e o clamor dos pregões com que o iam apregoando. Logo vê brilharem os ferros das lanças e alabardas que assomavam pelo alto; lá pelo caminho as gotas e o rastro do sangue, que bastavam já para lhe mostrar os passos do Filho e guiá-la sem outra guia. Aproxima-se mais e mais do seu amado Filho e alonga os olhos escurecidos pela dor e sombra da morte, para ver (se pudesse) aquele a quem sua alma tanto amava. Ó amor e temor do coração de Maria! Por uma parte desejava vê-lo, e por outra recusava ver tão lastimável figura. Finalmente, chega já onde o pudesse ver, olham-se um ao outro aqueles dois luzeiros do céu e atravessam-se os corações com os olhos e ferem com sua vista as suas almas aflitas. As línguas estavam emudecidas, mas o coração da Mãe falava e o do Filho dulcíssimo lhe dizia: *Para que aqui vieste, minha pomba, querida minha e minha Mãe? A tua dor aumenta a minha, e os teus tormentos a mim atormentam. Volta, minha Mãe, volta para tua pousada, que ao teu pudor e pureza virginal não pertence companhia de homicidas e de ladrões.*

Essas e outras mais lastimosas palavras se falariam naqueles piedosos corações, e desta maneira se andou aquele trabalhoso caminho até o lugar da cruz.

SEXTA-FEIRA

Neste dia se há de contemplar o mistério da cruz e as sete palavras que o Senhor falou.

Desperta, pois, agora, minha alma, e começa a pensar o mistério da santa cruz, por cujo fruto se reparou o dano daquele venenoso fruto da árvore proibida. Olha, primeiramente, como, chegado já o Salvador a este lugar, aqueles perversos inimigos (porque mais vergonhosa lhe fosse a morte) despem-no de todas as suas vestiduras até a túnica interior, que era toda tecida de alto a baixo, sem costura alguma. Olha, pois, aqui, com quanta mansidão se deixa esfolar aquele inocentíssimo Cordeiro sem abrir a boca, nem falar palavra contra os que assim o tratavam. Antes, de mui boa vontade consentia em ser despojado de suas vestes, e ficar, com vergonha, nu, para que com elas, melhor do que com as folhas de figueira, se cobrisse a nudez em que pelo pecado caímos.

Dizem alguns doutores que, para despirem o Senhor dessa túnica, tiraram-lhe com grande crueldade a coroa de espinhos que ele tinha na cabeça, e, depois de já despido, tornaram a pô-la, e a fincar-lhe outra vez os espinhos pelo crânio, que seria coisa de grandíssima dor. E é de crer, por certo, que usaram desta crueldade os que de outras muitas e muito estranhas usaram com Ele em todo o processo de sua Paixão, mormente dizendo o evangelista que fizeram com Ele tudo o que quiseram. E como a túnica estava pregada às chagas dos açoites e o sangue já estava gelado e colado com a própria veste, ao tempo em que lha despiram (como eram tão alheios de piedade aqueles malvados!) despegaram-lha de chofre e com tanta força, que lhe esfolaram e renovaram todas as chagas dos açoites, de tal maneira que o santo corpo ficou por todas as partes aberto e como que descascado, e feito todo uma grande chaga, que por todas as partes manava sangue.

Considera, pois, aqui, ó minha alma, a alteza da divina bondade e misericórdia, que neste mistério tão claramente resplandece; olha como Aquele que veste os céus de nuvens e os campos de flores e beleza, é aqui despojado de todas as suas vestes. Considera o frio que padeceria aquele santo corpo, estando, como estava, dilacerado e despido, não só de suas vestiduras, como também dos couros da pele e com tantas portas de chagas por todo ele abertas. E, se estando São Pedro vestido e calçado, na noite anterior padecia frio, quanto maior o padeceria aquele delicadíssimo corpo estando tão chagado e desnudo?

Depois disto considera como o Senhor foi cravado na cruz, e a dor que padeceria ao tempo em que aqueles cravos grossos e esquinados entravam pelas mais sensíveis e mais delicadas partes do mais delicado de todos os corpos. E olha também o que a Virgem sentiria quando visse com seus olhos e ouvisse com seus ouvidos os cruéis e duros golpes que sobre aqueles membros divinais tão a miúdo caíram, porque verdadeiramente aquelas marteladas e cravos passavam as mãos ao Filho, porém à Mãe feriam o coração.

Olha como depois levantaram a cruz ao alto e a foram fincar numa cova que para isto tinham feito, e como (segundo eram cruéis os ministros), ao tempo de assentá-la, a deixaram cair de chofre, e assim se estremeceria no ar todo aquele santo corpo e mais se rasgariam os buracos dos cravos, o que seria coisa de intolerável dor.

Ó Salvador e Redentor meu, que coração haverá tão de pedra que se não parta de dor (pois neste dia se partiram as pedras) considerando o que padeces nessa cruz? Cercaram-te, Senhor, dores de morte, e sobre ti investiram todos os ventos e ondas do mar. Atolaste-te no profundo dos abismos e não achas em que te estribares. O Pai desamparou-te; que esperas, Senhor, dos homens? Os inimigos zombam de ti aos gritos, os amigos quebram-te o coração, tua alma está aflita e por meu amor não admites consolo. Duros foram, por certo, os meus pecados, e tua penitência o declara. Vejo-te, meu Rei, cosido com um madeiro; não há quem sustente o teu corpo senão três ganchos de ferro; deles pende tua sagrada carne, sem ter outro refrigério. Quando firmas o corpo nos pés, rasgam-se as feridas dos pés com os cravos que têm atravessados; quando o firmas nas mãos, rasgam-se as feridas das mãos com o peso do corpo. E a santa cabeça atormentada e enfraquecida com a coroa de espinhos, que travesseiro a sustentaria? Oh! Quão bem empregados seriam ali vossos braços, sereníssima Virgem, para este ofício, mas ali não servirão agora os vossos, senão os da cruz! Sobre eles se reclinará a sagrada cabeça quando quiser descansar, e o refrigério que deles receberá será fincarem-se mais os espinhos pelo crânio.

Cresceram as dores do Filho com a presença da Mãe, com as quais não estava o seu coração menos crucificado por dentro do que o estava o sagrado corpo por fora. Duas cruzes há para ti, ó bom Jesus, neste dia: uma para o corpo e outra para a alma; uma é de paixão, a outra de compaixão; uma traspassa o corpo com cravos de ferro, e a outra traspassa tua alma santíssima com cravos de dor. Quem poderia, ó bom Jesus, declarar o que sentias quando consideravas as angústias daquela alma santíssima, a qual tão de certo sabias estar contigo crucificada na cruz? Quando vias aquele piedoso coração traspassado e atravessado com gládio de dor, quando alongavas os olhos sangrentos e olhavas aquele divino rosto coberto de palidez de morte? E aquelas angústias de seu ânimo sem morte, já mais que morto? E aqueles rios de lágrimas, que de seus puríssimos olhos saíam e ouvias os gemidos que se arrancavam daquele sagrado peito espremidos com peso de tamanha dor?

Depois disto, podes considerar aquelas sete palavras que o Senhor falou na cruz. Das quais a primeira foi: *Pai, perdoai-lhes, porque eles não sabem o que fazem*[46]. A segunda ao

---

46. Lc 23,34.

ladrão. *Hoje estarás comigo no paraíso*[47]. A terceira a sua Mãe Santíssima: *Mulher, eis aí teu filho*[48]. A quarta: *Tenho sede*[49]. A quinta: *Meu Deus, meu Deus, por que me desamparaste?*[50] A sexta: *Tudo está consumado*[51]. A sétima: *Pai, em tuas mãos encomendo meu espírito*[52].

Olha, pois, ó minha alma, com quanta caridade nestas palavras Ele encomendou ao Pai seus inimigos; com quanta misericórdia recebeu o ladrão que o confessava, com que entranhas encomendou a piedosa Mãe ao discípulo amado; com quanta sede e ardor mostrou que desejava a salvação dos homens; com quão dolorosa voz exalou sua oração e pronunciou sua tribulação ante o acatamento divino; como levou até a cabo tão perfeitamente a obediência ao Pai e como, finalmente, encomendou-lhe seu espírito e se resignou todo em suas benditíssimas mãos. Por onde aparece como em cada uma destas palavras está encerrado um singular documento de virtude. Na primeira recomenda-se-nos a caridade para com os inimigos. Na segunda, a misericórdia para com os pecadores. Na terceira, a piedade para com os pais. Na quarta, o desejo da salvação do próximo. Na quinta, a oração nas tribulações e desamparos de Deus. Na sexta, a virtude da obediência e perseverança. E, na sétima, a perfeita resignação nas mãos de Deus, que é a súmula da nossa perfeição.

---

47. Lc 23,43.

48. Jo 19,26.

49. Jo 19,28.

50. Mt 27,46.

51. Jo 19,30.

52. Lc 23,46.

SÁBADO

Neste dia se contemplará a lançada que se deu no Salvador e o descimento da cruz, com o pranto de Nossa Senhora e ofício da sepultura.

Considera, pois, como havendo já expirado o Salvador na cruz, e já se havendo cumprido o desejo daqueles cruéis inimigos, que tanto desejavam vê-lo morto, ainda depois disto não se lhes apagou a chama do seu furor, porque com tudo isto mais se quiseram vingar e encarniçar naquelas santas relíquias que ficaram, partindo-lhe as vestes e sobre elas lançando sortes, e rasgando-lhe o sagrado peito com uma lança cruel. Ó cruéis ministros! Ó corações de ferro, tão pouco vos parece o que padeceu o corpo vivo, que lhe não quereis perdoar mesmo depois de morto! Que sanha de inimizade há tão grande que se não aplaque quando vê o inimigo morto diante de si? Alçai um pouco esses cruéis olhos, e olhai aquele rosto mortal, aqueles olhos defuntos, aquele caimento de rosto e aquela palidez e sombra de morte, que, ainda que sejais mais duros que o ferro e que o diamante e que vós mesmos, vendo-o vos amansareis! Chega, pois, o ministro com a lança na mão, e atravessa-a com grande força pelos peitos desnudos do Salvador. Estremeceu-se a cruz no ar com a força do golpe, e dali manou água e sangue, com que se sanam os pecados do mundo. Ó rio que sais do paraíso e regas com tuas correntes toda a superfície da terra! Ó chaga do lado precioso, feita mais com o amor dos homens do que com o ferro da lança cruel! Ó porta do céu; janela do paraíso, lugar de refúgio, torre de fortaleza, santuário dos justos, sepultura de peregrinos, ninho das pombas singelas e leito florido da esposa de Salomão! Deus te salve, chaga do lado precioso, que chagas os devotos corações; ferida que feres as almas dos justos; rosa de inefável beleza; rubi de preço inestimável; entrada para o coração de Cristo, testemunho de seu amor e penhor da vida perdurável!

Depois disto considera como naquele mesmo dia à tarde chegaram aqueles dois santos varões, José e Nicodemos, e, arrimadas suas escadas à cruz, desceram em braços o corpo do Salvador. Como viu que, acabada já a tormenta da Paixão, chegava o sagrado corpo à terra, prepara-se a Virgem para lhe dar em seus peitos porto seguro, e recebê-lo dos braços da cruz nos seus. Pede, pois, com grande humildade àquela nobre gente, que, pois, não se havia despedido de seu Filho, nem recebido dele os derradeiros abraços na cruz ao tempo de sua partida, que a deixem agora chegar a Ele e não queiram que por todas as partes cresça o seu desconsolo, se, havendo-lho os inimigos tirado por uma porta vivo, morto lho tirem agora por outra os amigos.

E quando a Virgem o teve em seus braços, que língua poderá explicar o que ela sentiu? Ó anjos da paz, chorai com esta Sagrada Virgem; chorai, céus; chorai, estrelas do céu, e todas as criaturas do mundo acompanhai o pranto de Maria! Abraça-se a Mãe com o corpo dilacerado, aperta-o fortemente em seus peitos (só para isto lhe restavam forças), mete o rosto entre os espinhos da sagrada cabeça, juntam-se rosto com rosto, tinge-se o rosto da sacratíssima Mãe com o sangue do Filho, e rega-se o do Filho com lágrimas da Mãe. Ó doce Mãe! É esse, porventura, o vosso dulcíssimo Filho? É esse aquele que concebeste com tanta glória e que deste à luz com tanta alegria? Pois que é feito dos vossos gozos passados? Aonde foram as vossas alegrias antigas? Onde está aquele espelho de formosura em que vos miráveis? Choravam todos os que presentes estavam; choravam aquelas santas mulheres, aqueles nobres varões; chorava o céu e a terra, e todas as criaturas acompanhavam as lágrimas da Virgem. Chorava outrossim o santo evangelista e, abraçado com o corpo de seu Mestre, dizia: Ó bom Mestre e Senhor meu! Quem já agora me ensinará daqui em diante? A quem irei com minhas dúvidas? Nos peitos de quem descansarei? Quem me dará parte dos segredos do céu? Que mudança foi tão estranha? Ontem à noite tiveste-me em teu sagrado peito dando-me alegria e vida, e agora eu te pago esse tão grande benefício tendo-te nos meus morto? Este é o rosto que eu vi transfigurado no Monte Tabor? Esta aquela figura mais clara que o sol de meio-dia?

Chorava também aquela santa pecadora, e, abraçada com os pés do Salvador, dizia: Ó lume de meus olhos e remédio de minha alma! Se eu me vir fatigada dos pecados, quem me receberá? Quem curará as minhas chagas? Quem responderá por mim? Quem me defenderá dos fariseus? Oh! Quão de outra maneira tive eu estes pés e os lavei quando neles me recebeste! Ó amado de minhas entranhas, quem me dera agora morrer contigo! Ó vida de minha alma! Como posso dizer que te amo, pois estou viva tendo-te morto diante de meus olhos?

Desta maneira chorava e se lamentava toda aquela santa companhia, regando e lavando com lágrimas o corpo sagrado. Chegada já, pois, a hora da sepultura, envolvem o santo corpo num lençol limpo, atam-lhe o rosto com um sudário, e, posto em cima de um leito, caminham com Ele para o lugar do monumento. O sepulcro cobriu-se com uma lousa e o coração da Mãe com uma escura névoa de tristeza. Ali se despede ela outra vez de seu Filho; ali começa de novo a sentir a sua soledade; ali se vê já destituída de todo o seu bem; ali lhe fica o coração sepultado onde ficara o seu tesouro.

DOMINGO

Neste dia poderás pensar a descida do Senhor ao limbo e o aparecimento a Nossa Senhora e a Santa Madalena e aos discípulos. E depois o mistério da sua gloriosa ascensão.

Quanto ao primeiro, considera quão grande seria a alegria que aqueles Santos Padres do limbo receberiam neste dia com a visitação e presença do seu Libertador e que graças e louvores lhe dariam por esta tão desejada e esperada salvação. Dizem os que voltam das Índias Orientais à Espanha que por bem empregado têm todo o trabalho da navegação passada pela alegria que recebem no dia em que voltam à sua terra. Pois se isto faz a navegação e desterro de um ano ou dois, que faria o desterro de três ou quatro mil anos, no dia em que eles recebessem tão grande salvação e viessem a tomar porto na terra dos viventes?

Considera também a alegria que a sacratíssima Virgem receberia nesse dia com a visita do Filho ressuscitado, pois é certo que, assim como Ela foi a que mais sentiu as dores da sua Paixão, assim também foi a que mais gozou da alegria da sua ressurreição. Pois, que sentiria ela quando visse diante de si seu Filho vivo e glorioso, acompanhado de todos aqueles Santos Padres que com Ele ressuscitaram? Que faria? Que diria? Quais seriam seus abraços e beijos e as lágrimas de seus olhos piedosos? E os desejos de ir-se atrás dele se lhe fosse concedido?

Considera a alegria daquelas santas Marias, especialmente daquela que perseverava chorando junto do sepulcro, quando visse o amado de sua alma e se derrubasse a seus pés e achasse ressuscitado e vivo aquele a quem buscava e desejava ver sequer morto; e olha bem que, depois da Mãe, àquela apareceu. Ele, primeiro, que mais amou, mais perseverou, mais chorou e mais solicitamente o buscou, para que assim tenhas por certo que acharás a Deus se com estas mesmas lágrimas e diligências o buscares.

Considera a maneira como Ele apareceu *em hábito de peregrino* aos discípulos que iam *a Emaús*[53], olha quão afável se lhes mostrou, quão familiarmente os acompanhou, quão docemente se lhes dissimulou e, ao cabo, quão amorosamente se lhes descobriu e os deixou com todo o mel e a suavidade nos lábios; sejam, pois, tais tuas conversas quais eram as destes, trata com dor e sentimento o que tratavam estes (que eram as dores e trabalhos de Cristo) e tem por certo que te não faltará a sua presença e companhia se sempre tiveres esta memória.

---

53. Lc 24,13.

Acerca do mistério da Ascensão considera primeiramente como dilatou o Senhor esta subida aos céus por espaço de quarenta dias, nos quais apareceu muitas vezes aos seus discípulos e os ensinava e conversava com eles *do Reino de Deus*[54]. De maneira que não quis subir aos céus, nem apartar-se deles, enquanto os não deixou tais que pudessem com o espírito subir ao céu com Ele. Donde verás que àqueles desamparam muitas vezes a presença corporal de Cristo (isto é, a consolação sensível da devoção), que já podem com o espírito voar ao alto e mais seguros estão do perigo. No que maravilhosamente resplandece a providência de Deus e a maneira que tem em tratar os seus em diversos tempos; como anima os fracos e exercita os fortes; dá leite aos pequeninos e desmama os grandes; consola uns e prova os outros, e assim trata cada um segundo o grau do seu aproveitamento. Por onde, nem o amimado tem por que presumir, pois o mimo é argumento de fraqueza, nem o desconsolado por que desfalecer, pois isto é muitas vezes indício de fortaleza.

Em presença dos discípulos, e *vendo-o eles*[55], subiu ao céu, porque eles haviam de ser testemunhas destes mistérios, e nenhum é melhor testemunha das obras de Deus do que aquele que as sabe por experiência. Se deveras queres saber como Deus é bom, quão doce e quão suave para com os seus, quanta seja a virtude e eficácia da sua graça, do seu amor, da sua providência e das suas consolações, pergunta-o aos que o hão provado, que disso te darão esses suficientíssimo testemunho. Quis também que eles o vissem subir aos céus para que o seguissem com os olhos e com o espírito, para que sentissem a sua partida, para que lhes fizesse soledade a sua ausência, porque este era o mais con-

---

54. At 1,3.
55. At 1,3.

veniente preparo para receber a sua graça. Pediu Eliseu a Elias o seu espírito, e o bom Mestre lhe respondeu: *Se vires quando eu me parto de ti, será o que pediste*[56]. Pois herdeiros serão do Espírito de Cristo aqueles a quem o amor fizer sentir a partida de Cristo, os que lhe sentirem a ausência e ficarem neste desterro suspirando sempre pela sua presença. Assim o sentia aquele santo varão que dizia: *Foste meu consolador e não te despediste de mim; indo por teu caminho abençoaste os teus, e não o vi. Os anjos prometeram que voltarias, e não o ouvi*, etc.

E qual não seria a soledade, o sentimento, as vozes e as lágrimas da sacratíssima Virgem, do discípulo amado e da santa Madalena e de todos os apóstolos, quando vissem ir-se-lhes e desaparecer-lhes dos olhos aquele que tão roubados lhes tinha os corações? e, com tudo isto, dizem que eles voltaram a Jerusalém com grande gozo pelo muito que o amavam. Porque o mesmo amor que tanto lhes fazia sentir a sua partida, por outra parte os fazia regozijar-se da sua glória, porque o verdadeiro amor não se busca a si, senão ao que ama.

Resta considerar com quanta glória, com que alegria e com que vozes e louvores seria aquele nobre triunfador recebido na cidade soberana, qual seria a festa e a recepção que lhe fariam, que seria ver ali, ajuntados em um, homens e anjos e todos, a uma, caminharem para aquela nobre cidade, povoarem aqueles assentos desertos de tantos anos, subir sobre todos aquela sacratíssima humanidade e assentar-se à destra do Pai. Tudo é muito de considerar para que se veja quão bem empregados são os trabalhos por amor de Deus, e como aquele que se humilhou e padeceu mais do que todas as criaturas é aqui engrandecido e alevantado sobre todas elas, para que por aqui entendam os amantes da verdadeira glória o caminho que hão de levar para a alcançar, que é descer para subir e pôr-se debaixo de todos para ser alevantado sobre todos.

---

56. 4 Regum, 2, 10.

Capítulo V

De seis coisas que podem intervir no exercício da oração

Estas são, cristão leitor, as meditações em que podes exercitar os dias da semana, para que assim não te falte matéria em que pensar. Mas aqui é de notar que antes desta meditação podem preceder algumas coisas e seguir-se depois outras que estão anexas e são como vizinhas delas.

Porque, primeiramente, antes de entrarmos na meditação é necessário prepararmos o coração para este santo exercício, que é como quem afina a viola para tocar.

Depois desta preparação segue-se a leitura da passagem que se há de meditar naquele dia, segundo o repartimento dos dias da semana (como acima os tratamos). O que sem dúvida é necessário nos princípios até que o homem saiba o que deve meditar.

Depois da meditação pode-se seguir uma devota ação de graças pelos benefícios recebidos, e um oferecimento de toda a nossa vida e da de Cristo nosso Salvador, em recompensa deles.

A última parte é a petição que propriamente se chama oração, na qual pedimos tudo aquilo que convém, assim para nossa salvação como para a de nossos próximos e de toda a Igreja.

Estas seis coisas podem intervir na oração, as quais, entre outros proveitos, têm também este, de darem ao homem mais copiosa matéria de meditar, pondo-lhe diante todas estas diferenças de manjares, para que, se não puder comer de um, coma de outro, e para, se numa coisa se lhe acabar o fio da meditação, entre logo noutra onde se lhe ofereça outra coisa em que meditar.

Bem vejo que nem todas estas partes nem esta ordem são sempre necessárias, mas todavia servirá isto aos que começam, para que tenham alguma ordem e fio por onde se possam a princípio reger. E por isto, de nenhuma coisa que aqui eu disser quero que se faça lei perpétua nem regra geral; porque meu intento não foi fazer lei, senão introdução para impor aos novos neste caminho, no qual, depois que tiverem entrado, o uso e a experiência, e muito mais o Espírito Santo, lhes ensinará o demais.

⊸ Capítulo VI ⊸

Da preparação que se requer para antes da oração

Agora bem será que tratemos em particular de cada uma destas partes sobreditas, e primeiro da preparação, que é a primeira de todas.

Posto, no lugar da oração, de joelhos, ou em pé, ou em cruz, ou prostrado, sentado se de outra maneira não puder estar, feito primeiro o sinal da cruz, recolherá a sua imaginação e apartá-la-á de todas as coisas desta vida, levantará o seu entendimento acima, considerando que o olha Nosso Senhor. E estará ali com aquela atenção e reverência como se realmente o tivesse presente; e, com um geral arrependimento de seus pecados, se é a oração da manhã, dirá a confissão geral, e, se é a oração da noite, examinará à sua consciência de tudo o que naquele dia pensou, falou, obrou e ouviu, e do esquecimento que de Nosso Senhor teve; e, doendo-se dos defeitos daquele dia e de todos os da vida passada, e humilhando-se diante da Divina Majestade ante quem está, dirá aquelas palavras do santo Patriarca: *Falarei a meu Senhor, posto que seja pó e cinza*[57], e depois dirá aqueles versos do salmo: *A ti levantei meus olhos, que moras nos céus. Assim como os olhos dos servos estão postos nas mãos de seus senhores e assim como os olhos da serva estão postos nas mãos de sua senhora, assim nossos olhos estão postos em Nosso Senhor, esperando que tenha misericórdia de nós. Tem misericórdia de nós, Senhor, tem misericórdia de nós*[58]. *Gloria Patri*, etc. E porque não somos, Se-

---

57. Gn 19,27.
58. Sl 122,1.

nhor, poderosos para pensar coisa boa de nossa parte, senão que toda a nossa suficiência é de Deus, nem ninguém pode invocar dignamente o nome de Jesus senão com favor do Espírito Santo, portanto, *Vem, ó dulcíssimo Espírito, e envia lá do céu os raios da tua luz. Vem, ó Pai dos pobres. Vem, ó doador das luzes. Vem, luz dos corações. Vem, consolador ótimo e doce hóspede de nossa alma e doce refrigério dela. No trabalho, seu descanso; no ardor do estilo, sua temperança, e nas lágrimas, seu consolo. Ó luz beatíssima, enche o íntimo do coração de teus fiéis. Emitte spiritum tuum, et creabuntur.* ℟ *Et renovabis faciem terrae. Oratio, Deus, qui corda fidelium Sancti Spiritus illustratione docuisti, da nobis in eodem Spiritu recta sapere, et de ejus semper consolatione gaudere. Per Christum Dominum nostrum. Amem.*

Dito isto, suplicará depois a Nosso Senhor lhe dê graça para que ali esteja com aquela atenção e devoção, com aquele recolhimento interior, com aquele temor e reverência com que convém estar ante tão soberana Majestade e que assim gaste aquele tempo da oração, que saia dela com novas forças e alento para todas as coisas de seu serviço, porque a oração que não dá logo este fruto mui imperfeita é e de mui baixo valor.

✎ Capítulo VII ✎

Da leitura

Concluída a preparação, segue-se logo a leitura do que se há de meditar na oração. A qual não há de ser apressada nem corrida, mas sim atenta e sossegada, aplicando a ela não só o entendimento para entender o que se lê, porém muito mais a vontade para degustar o que se entende. E, quando achar alguma passagem devota, nela se detenha algo mais, para melhor senti-la; e não seja mui longa a leitura, para que se dê mais tempo à meditação, que é de tanto maior proveito quanto rumina e penetra as coisas com mais vagar e com mais afetos; porém, quando se tiver o coração tão distraído que não possa entrar na oração, pode-se demorar algo mais na leitura, ou ajuntar em um a leitura com a meditação, lendo uma passagem e meditando sobre ela, e depois outra, e outra da mesma maneira; porque indo destarte o entendimento atado às palavras da leitura, não tem tanto lugar de se derramar por diversas partes, como quando vai livre e solto. Posto que melhor seria pelejar por enxotar os pensamentos e perseverar e lutar (qual outro Jacó a noite toda) no trabalho da oração. Porque afinal, finda a batalha, alcança-se a vitória, dando Nosso Senhor a devoção ou outra graça maior, a qual nunca se nega aos que fielmente pelejam.

❧ Capítulo VIII ❧

Da meditação

Segue-se depois da leitura a meditação da passagem que lemos. E esta umas vezes é de coisas que se podem figurar com a imaginação, como são todas as passagens da vida e paixão de Cristo, o juízo final, o inferno, o paraíso. Outras vezes, é de coisas que pertencem mais ao entendimento do que à imaginação, como é a consideração dos benefícios de Deus, da sua bondade ou misericórdia, ou de qualquer outra das suas perfeições.

Esta meditação chama-se intelectual, e a outra imaginária. E de uma e de outra costumamos usar nestes exercícios, conforme a matéria das coisas o requer. E quando da meditação imaginária, havemos de figurar cada coisa destas da maneira como ela é, ou da maneira como sucederia, e fazer de conta que no próprio lugar onde estamos se passa tudo aquilo em nossa presença, para que, com esta representação das coisas, mais viva seja a consideração e sentimento delas; e, ainda, imaginar que essas coisas se passam dentro do nosso coração é melhor, pois, se cabem nele cidades e reinos, melhor caberá a representação destes mistérios, e isto ajudará muito para trazer a alma recolhida, ocupando-se dentro de si mesma (como abelha dentro da sua colmeia) em lavrar seu favo de mel; porque ir com o pensamento a Jerusalém a meditar as coisas que ali se passaram em seus próprios lugares é coisa que sói enfraquece e faz dano às cabeças; e por esta mesma razão não deve o homem fincar muito a imaginação nas coisas que pensa, para com esta veemente apreensão não fatigar a natureza.

90

✥ Capítulo IX ✥

Da ação de graças

Acabada a meditação, segue-se a ação de graças; para o que se deve tomar ocasião da meditação passada, dando graças a Nosso Senhor pelo benefício que naquela nos fez; de modo que, se a meditação foi da Paixão, deve dar graças a Deus porque nos remiu com tantos trabalhos; e, se foi dos pecados, porque o esperou tanto tempo à penitência; e, se das misérias desta vida, pelas muitas de que o há livrado; e, se do passo da morte, porque o livrou dos perigos dela e o esperou à penitência. E, se da glória do paraíso, porque o criou para tanto bem, e assim os demais.

Com estes benefícios juntará todos os outros de que acima tratamos, que são o benefício da criação, conservação, redenção, vocação, etc. E assim dará graças a Nosso Senhor porque o fez à sua imagem e semelhança, e lhe deu memória para que se lembrasse dele; entendimento, para que o conhecesse; vontade, para que o amasse. E porque lhe deu um anjo que o guardasse de tantos trabalhos e perigos e tantos pecados mortais, e da morte quando estava neles, que não foi menos que o livrar da morte eterna: e porque houve por bem assumir a nossa natureza, e morrer por nós. E porque o fez nascer de pais cristãos, deu-lhe o sagrado batismo, nele lhe deu sua graça e prometeu sua glória e o recebeu por filho adotivo. E porque no Sacramento da Confirmação lhe deu armas para pelejar contra o demônio, e o mundo, e a carne. E porque se lhe deu a si mesmo no Sacramento do Altar. E porque lhe deu o Sacramento da Penitência para recuperar a graça perdida pelo pecado mortal; e pelas muitas boas inspirações que sempre lhe há enviado e envia e pela ajuda que lhe deu para orar e bem obrar e perseverar no bem começado. E com estes benefícios junte os demais benefícios gerais e particulares que conhece ter recebido de Nosso Senhor. E por estes e por todos os outros, assim públicos como secretos, dê todas quantas graças puder e convide todas as criaturas, assim do céu como da terra, para que o ajudem neste ofício. E com este espírito poderá dizer, se quiser, aquele cântico: *Benedicite omnia opera Domini Domino, laudate, et superexaltate*[59], etc. Ou o salmo: *Benedic, anima mea, Domino, et omnia quae intra me sunt nomini sancto ejus. Benedic, anima mea, Domino, et noli oblivisci omnes retributiones ejus. Qui propiciatur omnibus iniquitatibus tuis, qui sanat omnes infirmitates tuas. Qui redimit de interitu vitam tuam, qui coronat te in misericordia, et miserationibus*[60], etc.

---

59. Dn 3.
60. Sl 102.

❧ Capítulo X ❧

Do oferecimento

Dadas de todo o coração ao Senhor as graças por todos estes benefícios, logo, naturalmente, prorrompe o coração naquele afeto do Profeta Davi, que diz: *Que darei ao Senhor por todas as mercês que me há feito?*[61] A este desejo satisfaz o homem de alguma sorte dando e oferecendo a Deus de sua parte tudo o que tem e lhe pode oferecer.

E para isto primeiramente deve oferecer-se a si mesmo por seu perpétuo escravo, resignando-se e pondo-se em suas mãos para que faças dele tudo o que quiser em tempo e em eternidade, e oferecer juntamente todas as suas palavras, obras, pensamentos e trabalhos, que é tudo o que fizer e padecer, para que tudo seja em glória e honra de seu santo nome.

Em segundo, ofereça ao Pai os méritos e serviços de seu Filho e todos os trabalhos que neste mundo por sua obediência padeceu desde o presépio até à cruz, pois todos eles são fazenda nossa e herança que Ele nos deixou no Novo Testamento, pelo qual nos fez herdeiros de todo este tão grande tesouro. *E assim como não é menos meu o dado de graça do que o adquirido por minha lança*, assim também não são menos meus os méritos e o direito que Ele me deu do que se os houvera eu suado e trabalhado por mim. E, por isto, não menos pode o homem oferecer esta segunda oferta do que a primeira, recontando por sua ordem todos estes serviços e trabalhos e todas as virtudes de sua vida

---

61. Sl 115,12.

santíssima, sua obediência, sua paciência, sua humildade, sua fidelidade, sua caridade, sua misericórdia com todas as demais, porque esta é a mais rica e mais preciosa oferta que lhe podemos oferecer.

✍ Capítulo XI ✍

Da petição

Oferecida tão rica oferenda, por ela seguramente podemos pedir depois mercês. E, primeiramente, com grande afeto de caridade e com zelo da honra de Nosso Senhor peçamos que todas as gentes e nações do mundo o conheçam, louvem e adorem como a seu único verdadeiro Deus e Senhor, dizendo do íntimo de nosso coração aquelas palavras do profeta: *Confessem-te os povos, Senhor; confessem-te os povos*[62]. Roguemos também pelos cabeças da Igreja, como são: Papas, Cardeais, Bispos, com todos os outros Ministros e Prelados inferiores, para que de tal arte o Senhor os dirija e ilumine, que eles tragam todos os homens ao conhecimento e obediência do seu Criador. E do mesmo modo devemos rogar (como o aconselha São Paulo) pelos reis e por todos os que estão constituídos em dignidade, para que, mediante sua prudência, vivamos vida quieta e repousada, porque isto é aceito diante de Deus nosso Salvador, que quer que todos os homens se salvem e venham ao conhecimento da verdade. Roguemos também por todos os membros do seu Corpo Místico, pelos justos, que o Senhor os conserve, pelos pecadores, que os converta, e pelos defuntos, que os tire misericordiosamente de tanto trabalho e os leve ao descanso da vida eterna.

Roguemos também por todos os pobres, enfermos, encarcerados, cativos, etc. Que Deus, pelos méritos de seu Filho, os ajude e os livre do mal.

---

62. Sl 66,4.6.

E depois de havermos pedido por nossos próximos, peçamos logo por nós, e, o que seja que lhe havemos de pedir, a cada um o ensinará a sua própria necessidade a se bem se conhecer. Mas, para maior facilidade desta doutrina, podemos pedir as mercês seguintes:

Primeiramente peçamos, pelos méritos e trabalhos desse Senhor, perdão de todos os nossos pecados e emenda deles, e especialmente peçamos favor contra todas aquelas paixões e vícios a que somos mais inclinados e mais tentados, descobrindo todas estas chagas àquele médico celestial para que Ele as sane e as cure com a unção de sua graça.

Em segundo, peçamos aquelas altíssimas e nobilíssimas virtudes em que consiste a súmula de toda a perfeição cristã, que são: fé, esperança, amor, temor, humildade, paciência, obediência, fortaleza para todo trabalho, pobreza de espírito, desprezo do mundo, discrição, pureza de intenção, com outras semelhantes virtudes que estão no cume deste edifício espiritual; porque a fé é a primeira raiz de toda a cristandade; a esperança é o báculo e remédio contra as tentações desta vida; a caridade é fim de toda a perfeição cristã; o temor de Deus é princípio da verdadeira sabedoria; a humildade é o fundamento de todas as virtudes; a paciência é armadura contra os golpes e encontros do inimigo; a obediência é uma mui agradável oferta, onde o homem se oferece a si mesmo a Deus em sacrifício; a discrição são os olhos com que a alma vê e anda todos os seus caminhos; a fortaleza são os braços com que ela faz todas as suas obras, e a pureza de intenção é o que refere e dirige todas as nossas obras de Deus.

Em terceiro, peçamos logo as outras virtudes que, além de serem de seu mui principais, servem para a guarda destas maiores, como são: a temperança em comer e beber, a moderação da língua, a guarda dos sentidos, a modéstia e composição do homem exterior, a suavidade e bom exemplo para o próximo, o rigor e aspereza para consigo com outras virtudes semelhantes.

Depois disto, termine com a petição do amor de Deus, nesta se detenha e ocupe a maior parte do tempo, pedindo ao Senhor esta virtude com entranháveis afetos e desejos (pois nela consiste todo o nosso bem) e assim poderá dizer:

Petição especial do amor de Deus

Sobre todas estas virtudes, dá-me, Senhor, graça, para que eu te ame com todo o meu coração, com toda a minha alma, com todas as minhas forças e com todas as minhas entranhas, assim como o mandas. Ó toda a minha esperança, toda a minha glória, todo o meu refúgio e alegria; Oh! Ó mais amado dos amados! Ó esposo florido, esposo suave, esposo melífluo! Ó doçura de meu coração! Ó vida de minha alma e descanso alegre de meu espírito! Ó belo e claro dia da eternidade, serena luz de minhas entranhas e paraíso florido de meu coração! Ó amável princípio meu e suma suficiência minha!

Prepara, Deus meu, prepara, Senhor, em mim uma agradável morada para ti, a fim de que, segundo a promessa de tua santa palavra, venhas a mim e em mim repouses. Mortifica em mim tudo o que aos teus olhos desagrada e faz-me homem segundo o teu coração. Fere, Senhor, o mais íntimo de minha alma com as setas de teu amor, e embriaga-a com o vinho da tua perfeita caridade. Oh! Quando será isto? Quando te aprazerei em todas as coisas? Quando estará morto tudo o que em mim há contrário a ti? Quando serei de todo teu? Quando deixarei de ser meu? Quando coisa alguma fora de ti viverá em mim? Quando ardentissimamente te amarei? Quando me abrasará todo a chama de teu amor? Quando estarei todo derretido e traspassado com tua eficacíssima suavidade? Quando abrirás a este pobre mendigo e lhe descobrirás o belíssimo Reino teu que está dentro de mim, o qual és tu com todas as tuas riquezas? Quando me arrebatarás e afogarás e transportarás e esconderás em ti, onde eu nunca mais apareça? Quando, tirados todos os impedimentos e estorvos, me farás um só espírito contigo, para que já nunca possa eu apartar-me de ti?

Ó amado, amado, amado de minha alma! Ó doçura, doçura de meu coração! Ouve-me, Senhor, não por meus merecimentos, senão por tua infinita bondade. Ensina-me, ilumina-me, dirige-me e ajuda-me em todas as coisas, para que nenhuma coisa se faça nem diga, senão o que a teus olhos for agradável. Ó Deus meu, meu amado, minhas entranhas, bem de minha alma! Ó doce amor meu! Ó meu grande deleite! Ó fortaleza minha, vale-me! Ó minha luz, guia-me!

Ó Deus de minhas entranhas! Por que não te dás ao pobre? Enches os céus e a terra e meu coração deixas vazio! Pois que vestes os lírios do campo, preparas de comer às avezinhas e manténs os vermes, por que te esqueces de mim, pois a todos esqueço por ti? Tarde te conheci, bondade infinita! Tarde te amei, beleza tão antiga e tão nova! Triste do tempo em que não te amei! Triste de mim, pois não te conhecia! Cego de mim, que não te via! Estavas dentro de mim e eu andava a buscar-te fora! Pois ainda que tarde te ache, não permitas, Senhor, por tua divina clemência, que jamais eu te deixe.

E porque uma das coisas que mais te agradam e mais ferem o teu coração é ter olhos para te saber olhar, dai-me, Senhor, esses olhos com que eu te olhe; convém saber: olhos de pomba simples; olhos castos e pudorosos; olhos humildes e amorosos; olhos devotos e chorosos; olhos atentos e discretos, para entender a tua vontade e cumpri-la, para que, olhando-te eu com esses olhos, seja por ti olhado com aqueles olhos com que olhaste a São Pedro, quando o fizeste chorar o seu pecado; com aqueles olhos com que olhaste o filho pródigo, quando o foste receber e lhe deste beijo de paz; com aqueles olhos com que olhaste o publicano, quando ele não ousava alçar os olhos ao céu; com aqueles olhos com que olhaste Madalena, quando ela te lavava os pés com as lágrimas dos seus; finalmente, com aqueles olhos com que olhaste a Esposa dos Cânticos, quando lhe dissete: *Bela és, amiga minha, bela és, teus olhos são de pomba*; para que, agradando-te dos olhos e formosura de minha alma, lhe dês aqueles atavios de virtudes e graças com que sempre te pareça formosa.

Ó Altíssima, Clementíssima, Benigníssima Trindade, Pai, Filho, Espírito Santo, um só Deus verdadeiro, ensina-me, dirige-me e ajuda-me, Senhor, em tudo! Ó Pai Todo-poderoso, pela grandeza de teu poder infinito, assenta e confirma em ti a minha memória e enche-a de santos e devotos pensamentos! Ó Filho Santíssimo, pela tua eterna sabedoria, clarifica meu entendimento e adorna-o com o conhecimento da suma verdade e da minha extremada vileza! Ó Espírito Santo, amor do Pai e do Filho, por tua incompreensível bondade, traspassa a mim toda a tua vontade e incende-a com um tão grande fogo de amor, que nenhumas águas o possam apagar! Ó Trindade Sagrada, único Deus meu e todo o meu bem! Oh! Se eu pudesse louvar-te e amar-te como te louvam e amam todos os anjos! Oh! Se eu tivesse o amor de todas as criaturas, de quão boamente eu to daria e traspassaria a ti, posto que nem isto bastasse para te amar como mereces! Só Tu te podes dignamente amar e dignamente louvar, porque só Tu compreendes a tua incompreensível bondade e assim só Tu a podes amar quanto ela merece, de maneira que só nesse diviníssimo peito se guarda justiça de amor.

Ó Maria, Maria, Maria, Virgem Santíssima, Mãe de Deus, Rainha do céu, Senhora do mundo, Sacrário do Espírito

Santo, Lírio de pureza, Rosa de paciência, Paraíso de deleites, Espelho de castidade, Vaso de inocência! Roga por este pobre desterrado e peregrino e parte com ele as sobras de tua abundantíssima caridade. Ó vós, bem-aventurados santos e santas, vós, bem-aventurados espíritos, que assim ardeis no amor de vosso Criador e assinaladamente vós, serafins, que abrasais os céus e a terra com vosso amor, não desampareis este pobre e mísero coração, senão alimpai-o, como aos lábios de Isaías, de todos os seus pecados, e abrasai-o com a chama desse vosso ardentíssimo amor, para que só a este Senhor ele ame, a Ele só busque, nele só repouse e more pelos séculos dos séculos. Amém.

✍ Capítulo XII ✍

De alguns avisos que se devem ter neste santo exercício

Tudo o que até aqui se disse serve para dar matéria de consideração, que é uma das principais deste negócio, porque a menor parte da gente tem suficiente matéria de consideração, e assim, por falta desta, muitos faltam neste exercício. Agora diremos sumariamente a maneira e forma que nisto se poderá ter. E embora desta matéria o principal mestre seja o Espírito Santo, todavia a experiência nos há mostrado serem necessários alguns avisos nesta parte, porque é árduo o caminho para ir a Deus e tem necessidade de guia, sem o qual por muito tempo andam muitos perdidos e desencaminhados.

PRIMEIRO AVISO

Seja, pois, este o primeiro aviso: que, quando nos pusermos a considerar alguma coisa das sobreditas em seus tempos e exercícios determinados, não devemos estar tão atados a ela que tenhamos por mal feito sair daquela a outra, quando acharmos nestoutra mais devoção, mais gosto ou mais proveito, porque, como o fim de tudo isto é a devoção, o que mais servir para este fim isso se há de ter pelo melhor. Sem embargo de que não deve isto fazer-se por causas levianas, senão com vantagem conhecida. Da mesma sorte, se em alguma passagem da sua oração ou meditação sentir mais gosto ou devoção que em outra, detenha-se nela todo o espaço que lhe durar este afeto, ainda que se lhe vá nisso todo o tempo do recolhimento. Porque, como o fim de tudo isto é a devoção (como dissemos), erro seria buscar noutra parte, com esperança duvidosa, o que nas mãos já temos certo.

SEGUNDO AVISO

Seja o segundo aviso que trabalhe o homem por evitar neste exercício a demasiada especulação do entendimento e procure tratar este negócio mais com afetos e sentimentos da vontade do que com discursos e especulações do entendimento. Porque, sem dúvida, não acertam este caminho os que de tal maneira se põem na oração a meditar os mistérios divinos como se os estudassem para pregar, o que mais é dispersar o espírito que recolhê-lo, e andar mais fora de si do que dentro de si. De onde nasce que, acabada a sua oração, eles ficam secos e sem suco de devoção, e tão fáceis e ligeiros para qualquer leviandade como o estavam antes. Porque, em fato de verdade, esses tais não oraram, apenas falaram e estudaram, que é um negócio bem diferente da oração. Deveriam esses tais considerar que a este exercício mais nos chegamos para escutar do que para falar. Pois, para acertar neste negócio, chegue-se o homem com coração de uma velhinha ignorante e humilde, e mais com vontade disposta e aparelhada para sentir e afeiçoar-se às coisas de Deus, do que com entendimento avivado e atento para esquadrinhá-las, porque isto é próprio dos que estudam para saber e não dos que oram e pensam em Deus para chorar.

TERCEIRO AVISO

O aviso passado nos ensina como devemos sossegar o entendimento e entregar todo este negócio à vontade; mas o presente põe também sua norma e medida à própria vontade, para que não seja demasiada nem veemente em seu exercício, para o que é de saber que a devoção que pretendemos alcançar não é coisa que se há de alcançar à força de braços (como alguns pensam), os quais, com demasiados afincos e tristezas forçadas e com artifícios, procuram alcançar lágrimas e compaixão quando pensam na Paixão do Salvador, porque isso costuma secar mais o coração e fazê-lo mais inábil para a visitação do Senhor, como ensina Cassiano[63]. E ademais disto costumam estas coisas fazer mal à saúde corporal, e às vezes deixam o ânimo tão atemorizado com o sensabor que ali recebeu, que teme tornar outra vez ao exercício, como a uma coisa que experimentou lhe haver dado muita pena. Contente-se, pois, o homem com fazer comodamente o que é de sua parte, que é achar-se presente ao que o Senhor padeceu, olhando, com vista simples e sossegada e com coração terno e compassivo e preparado para qualquer sentimento que o Senhor lhe quiser dar, o que por ele padeceu, mais disposto para receber o afeto que sua misericórdia lhe der, do que para exprimi-lo à força de braços. E dito isto, não se aflija pelo mais, quando lhe não for dado.

QUARTO AVISO

De todo o sobredito poderemos coligir qual seja a maneira de atenção que devemos ter na oração, porque aqui principalmente convém ter o coração, não caído nem frouxo, porém vivo, atento e levantado ao alto. Mas, assim como é necessário estar aqui com esta atenção e recolhimento de coração, assim, por outra parte, convém que esta atenção seja temperada e moderada, para que não seja prejudicial à salvação nem impeça a devoção, porque há alguns que fatigam a cabeça com a demasiada força que põem em estar atentos ao que pensam, como já dissemos. E outros há que para fugirem deste inconveniente estão ali mui frouxos e indolentes e mui fáceis para serem levados de todos os ventos. Para fugir destes extremos convém manter tal

---

63. Collation, 9, cap. 30.

meio, que nem com a demasiada atenção fatiguemos a cabeça nem com o muito descuido e frouxidão deixemos o pensamento andar vagueando por onde quiser. De maneira que assim como costumamos dizer ao que vai sobre uma besta maliciosa que leve a rédea curta, convém saber, nem muito apertada nem muito frouxa, para que nem volte atrás a alimária, nem caminhe com perigo, assim devemos procurar que nossa atenção vá moderada e não forçada, com cuidado e não com fadiga angustiosa.

Mas particularmente convém avisar que no princípio da meditação não fatiguemos a cabeça com excessiva atenção, porque, quando isto se faz, soem faltar para adiante as forças, como faltam ao caminhante quando no princípio da jornada se dá muita pressa em caminhar.

QUINTO AVISO

Mas, entre todos estes avisos, o principal seja que não desfaleça o que ora, nem desista de seu exercício, quando não sente logo aquela brandura de devoção que deseja. Necessário é com longanimidade e perseverança esperar a vinda do Senhor, porque à glória de sua majestade, à baixeza de nossa condição e à grandeza do negócio que tratamos, pertence que estejamos muitas vezes esperando e aguardando às portas do seu palácio sagrado.

Pois quando desta maneira hajas aguardado um pouco de tempo, se o Senhor vier, dá-lhe graças por sua vinda; e se te parecer que não vem, humilha-te diante dele, e conhece que não mereces o que te não deram, contenta-te com haveres ali feito sacrifício de ti mesmo e negado tua própria vontade e crucificado teu apetite e lutado com o demônio e contigo mesmo, e feito ao menos isso que era de tua parte. E, se não adoraste o Senhor com a adoração sensível que desejavas, basta que o tenhas adorado em espírito e em verdade, como Ele quer ser adorado[64]. E crê-me, certo que este é o passo mais perigoso desta navegação e o lugar onde se provam os verdadeiros devotos, e que se deste saíres bem, tudo o mais te irá prosperamente.

Finalmente, se ainda te parecesse ser tempo perdido perseverar na oração e fatigar a cabeça sem proveito, em tal caso não teria eu por inconveniente que, depois de teres feito o que em ti está, tomasses algum livro devoto e trocasses por então a oração pela leitura; contanto que o ler fosse, não corrido nem apressado, mas repousado e com muito sentimento do que vás lendo, entremeando muitas vezes em seus lugares a oração com a leitura, o que é coisa mui proveitosa e mui fácil de fazer a todo gênero de pessoas, ainda que sejam mui rudes e principiantes neste caminho.

SEXTO AVISO

E não é documento diferente do passado, nem menos necessário, avisar que o servo de Deus não se contente com qualquer gostinho que ache na sua oração (como fazem alguns, que, derramando uma lagrimazinha ou sentindo alguma ternura de coração, pensam já haverem cumprido com seu exercício). Isto não basta para o que aqui pretendemos. Porque, assim como para que a terra frutifique não basta um pequeno rocio de água, que não faz mais do que matar o pó e molhar a terra por fora, senão que é mister tanta água que cale até o íntimo da terra e a deixe farta de água para poder frutificar, assim também é aqui necessária a abundância deste rocio e água celestial para dar fruto de boas obras. Por isto, pois, com muita razão se aconselha que tomemos para este santo exercício o mais longo espaço de tempo que pudermos. E melhor seria um

---

64. Jo 4,23.

lapso longo que dois curtos, porque se o espaço é breve, todo ele se gasta em sossegar a imaginação e aquietar o coração, e, depois de já quieto, levantamo-nos do exercício quando o haveríamos de começar.

E, descendo mais em particular a limitar este tempo, parece-me que tudo o que é *menos de hora e meia ou duas horas é curto prazo para a oração*, porque às vezes se passa mais do que meia hora em afinar a viola e em aquietar (como eu disse) a imaginação, e todo o outro espaço é mister para gozar do fruto da oração. Verdade é que, quando este exercício se faz depois de alguns outros santos exercícios, como é depois de matinas, depois de ter ouvido ou dito missa ou depois de alguma devota leitura ou oração vocal, mais disposto se acha o coração para este negócio e (assim como em lenha seca) muito mais depressa se ateia este fogo celestial. Também o tempo da madrugada sofre ser mais curto porque é o mais oportuno de quantos há para este ofício. Mas quem for pobre de tempo por suas muitas ocupações não deixe de oferecer seu obolozinho como a pobre viúva no templo[65], porque se este não fica por sua negligência, Aquele que provê todas as criaturas conforme a sua necessidade e natureza a ele proverá também segundo a sua.

SÉTIMO AVISO

Conforme a este documento dá-se outro semelhante a ele, e é que, quando a alma for visitada, na oração ou fora dela, com alguma particular visitação do Senhor, não a deixe passar em vão, mas se aproveite dessa ocasião que se lhe oferece, porque é certo que com este vento navegará o homem mais em uma hora do que sem ele em muitíssimos dias. Assim se diz que o fazia São Francisco, de quem São

---

65. Lc 21,2.

Boaventura escreve que era tão particular o cuidado que nisto tinha, que, se andando caminho o visitava Nosso Senhor com alguma particular visitação, fazia ir adiante os companheiros e ficava quedo até acabar de ruminar e digerir aquele bocado que lhe vinha do céu[66]. Os que assim o não fazem costumam comumente ser castigados com esta pena: que não achem a Deus quando o buscarem, pois quando Ele os buscava não os achou.

OITAVO AVISO

O último e mais principal aviso seja procurarmos neste santo exercício juntar num a meditação com a contemplação, fazendo de um degrau para subir à outra, para o que é de saber que o ofício da meditação é considerar com estudo e atenção as coisas divinas, discorrendo de umas a outras para mover o nosso coração a algum afeto e sentimento delas, que é como quem fere um sílex para tirar dele alguma centelha. Mas a contemplação é já haver tirado esta centelha, quero dizer, haver já achado este afeto e sentimento que se buscava e estar com repouso e silêncio gozando dele, não com muitos discursos e especulações do entendimento, mas sim com uma simples vista da verdade, pelo que diz um santo doutor que a meditação discorre com trabalho e com fruto, mas a contemplação sem trabalho e com fruto; uma busca, a outra acha; uma rumina o manjar, a outra saboreia-o; uma discorre e faz considerações, a outra contenta-se com uma simples vista das coisas porque já tem o amor e gosto delas; finalmente, uma é como meio, a outra como fim; uma como caminho e movimento, e a outra como término deste caminho e movimento.

Daqui se infere uma coisa mui comum, que ensinam todos os mestres da vida espiritual (conquanto pouco en-

---

66. Em sua *Vida*.

tendida dos que a leem), a saber, que, assim como alcançado o fim cessam os meios, como tomado o porto cessa a
navegação, assim também, quando mediante o trabalho da
meditação o homem chegar ao repouso e gosto da contemplação, deve então cessar daquela piedosa e trabalhosa
inquisição. E, contente com uma simples visão e memória
de Deus (como se o tivesse presente), gozar daquele afeto
que se lhe dá, seja ora de amor, ora de admiração ou de alegria ou coisa semelhante. A razão por que isto se aconselha
é porque, como o fim de todo este negócio consiste mais
no amor e afetos da vontade do que na especulação do entendimento, quando já a vontade está presa e tomada deste afeto, quanto nos seja possível, devemos evitar todos os
discursos e especulações do entendimento, para que nossa
alma com todas suas forças se empregue nisto sem se derramar pelos atos de outras potências. E por isso aconselha
um doutor que, assim que o homem se sentir inflamar do
amor de Deus, deve logo deixar todos esses discursos e
pensamentos (por mui altos que pareçam), não porque sejam maus, senão porque então são impeditivos de outro
bem maior, o que não é outra coisa mais do que cessar o
movimento chegado o termo e deixar a meditação por amor
da contemplação. O que assinaladamente se pode fazer
no fim de todo exercício, que é depois da petição do amor
de Deus, de que acima tratamos; uma, porque já então se
pressupõe que o trabalho do exercício passado terá produ-
zido algum afeto e sentimento de Deus, pois (como diz o
sábio) *mais vale o fim da oração do que o princípio*[67]; e, outra, porque depois do trabalho da meditação e oração é razão que
o homem dê um pouco de folga ao entendimento e o deixe
repousar nos braços da contemplação; pois neste tempo afaste
o homem todas as imaginações que se lhe oferecerem, faça

---

67. Ecl 7,7.

calar o entendimento, aquiete a memória e fixe-a em Nosso Senhor, considerando que está em sua presença, não especulando por então coisas particulares de Deus. Contente-se com o conhecimento que dele tem por fé e aplique a vontade e o amor, pois só este o abraça, e nele está o fruto de toda meditação. É quase nada o que o entendimento pode conhecer de Deus e pode-o a vontade muito amar. Encerre-se dentro de si mesmo no centro de sua alma onde está a imagem de Deus, e ali esteja atento a Ele, como quem escuta a quem fala de alguma torre alta, ou como se o tivesse dentro do seu coração e como se em todo o criado não houvesse outra coisa senão só ela ou só ele. E ainda de si mesma e do que faz se devia de esquecer, porque como dizia um daqueles padres: *aquela é perfeita oração onde o que está orando não se lembra de que orando está*[68]. E não só no fim do exercício, mas também no meio e em qualquer outra parte em que nos tomar este sono espiritual, quando está como adormecido o entendimento da vontade, devemos fazer esta pausa e gozar deste benefício e volver ao nosso trabalho, acabado de digerir e de gostar esse bocado, assim como faz o hortelão quando rega um canteiro, que depois de cheio d'água detém o fio da corrente e deixa embeber e difundir-se pelas entranhas da terra seca a água que recebeu, isto feito, torna a soltar o fio da fonte, para que ainda receba mais e mais e fique mais bem regada. Mas o que então a alma sente, o que goza de luz, a fartura, a caridade e paz que recebe, não se pode explicar com palavras, pois aqui está a paz que excede todo senso e a felicidade que nesta vida se pode alcançar.

Alguns há, tão possuídos do amor de Deus, que, mal hão começado a pensar nele, logo a memória do seu doce nome lhes derrete as entranhas, os quais têm tão pouca ne-

---

68. Cassian., *Collat.*, et Dion. Areop., cap. 2.

cessidade de discursos e considerações para amá-lo, como a mãe ou a esposa para se deleitar com a lembrança de seu filho ou esposo, quando lhe falam deles; e outros que, não só no exercício da oração, mas fora dele, andam tão absortos e tão embebidos em Deus, que de todas as coisas e de si mesmos se esquecem por Ele, porque se isto pode muitas vezes o temor furioso de um perdido, quanto mais o poderá o amor daquela infinita beleza, já que não menos poderosa é a graça do que a natureza e do que a culpa? Pois, quando isto a alma sentir, em qualquer parte da oração que o sinta, de nenhuma maneira o deve desdenhar, ainda que todo o tempo do exercício se gastasse nisto, sem rezar ou meditar as outras coisas que tinha determinadas, se não fossem de obrigação, porque assim como diz Santo Agostinho que *se há de deixar a oração vocal quando alguma vez fosse impedimento da devoção, assim também se deve deixar a meditação quando fosse impedimento da contemplação*[69].

Onde também é muito de notar que, assim como nos convém deixar a meditação pela afeição, para subir de menos a mais, assim, pelo contrário, às vezes convirá deixar a afeição pela meditação, quando a afeição fosse tão veemente que se temesse perigo para a saúde em perseverando nela, como muitas vezes acontece aos que, sem este aviso, dão-se a estes exercícios e os tomam sem discrição, atraídos pela força da divina suavidade. E, em caso tal como este, diz um doutor que é bom remédio suscitar algum afeto de compaixão, meditando um pouco na Paixão de Cristo ou nos pecados e misérias do mundo, para aliviar e desafogar o coração.

---

69. In: *Enchiridion.*

SEGUNDA PARTE

Tratado que fala da devoção

✎ Capítulo I ✎

Que coisa seja a devoção

O maior trabalho que padecem as pessoas que se dão à oração é a falta de devoção que muitas vezes nela sentem, porque, quando esta não falta, nenhuma coisa há mais doce nem mais fácil do que orar. Por esta razão (já que havemos tratado da matéria da oração e do modo que nela se poderá ter), bem será tratemos agora das coisas que ajudam a devoção e também das que a impedem, das tentações mais comuns das pessoas devotas e de alguns avisos que para este exercício serão necessários. Mas primeiro fará muito ao caso declarar que coisa seja devoção, para que saibamos antes que tal seja a joia por que militamos.

Devoção, diz Santo Tomás que *é uma virtude, a qual faz o homem pronto e hábil para toda virtude e o desperta e facilita para o bem obrar*[70]. Definição que manifestamente declara a grande necessidade e utilidade desta virtude, porque nela se encerra mais do que alguns podem pensar.

Para o que, é de saber que o maior impedimento que temos para bem viver é a corrupção da natureza que nos veio pelo pecado, da qual procede uma grande inclinação que temos para o mal e uma grande dificuldade e pesadume para o bem; e estas duas coisas nos fazem dificultosíssimo o caminho da virtude, sendo ela de seu a coisa mais doce, mais bela, mais amável, mais honrosa do mundo. Pois contra esta dificuldade e pesadume proveu a Divina Sabedoria de convenientíssimo remédio, que é a virtude e

---

70. 2º, 2ª quest. 82, art. 1.

socorro da devoção; porque assim como o vento norte espalha as nuvens e deixa o céu sereno e desanuviado, assim também a verdadeira devoção sacode de nossa alma todo esse pesadume e dificuldade e deixa-a então habilitada e desembaraçada para todo bem, porque esta virtude de tal maneira é virtude, que também é um especial dom do Espírito Santo, um orvalho do céu, um socorro e visitação de Deus alcançado pela oração, cuja condição é pelejar contra esta dificuldade e pesadume, despedir esta tibieza, dar esta prontidão, encher a alma de bons desejos, iluminar o entendimento, esforçar a vontade, atear o amor de Deus, apagar as chamas dos maus desejos, causar tédio do mundo e aborrecimento do pecado e dar então ao homem outro fervor, outro espírito e outro esforço e alento para bem obrar. De maneira que, assim como Sansão, quando tinha cabelos, tinha maiores forças do que todos os outros, assim o é também a alma do cristão quando tem esta devoção; e quando fraca, não a tem. Isto foi, pois, o que Santo Tomás quis significar naquela definição e este é sem dúvida o maior louvor que se pode dizer desta virtude, que, sendo uma só, é como que um estímulo e aguilhão de todas as outras; e, por isto, aquele que de verdade deseja caminhar pelo caminho das virtudes não vá sem estas esporas, porque nunca poderá tirar de preguiça sua má besta se sem elas vai.

Do acima dito parece claro que coisa seja a verdadeira e essencial devoção: porque não é devoção aquela ternura de coração ou consolação que sentem algumas vezes os que oram, senão esta prontidão e alento para bem obrar, de onde muitas vezes acontece achar-se uma coisa sem a outra, quando o Senhor quer provar os seus. Verdade é que desta devoção e prontidão muitas vezes nasce aquela consolação; e, pelo contrário, esta mesma consolação e gosto espiritual aumenta a devoção essencial, que é aquela presteza e alento para bem obrar. E por esta causa podem os servos de Deus, com muita razão, desejar e pedir estas alegrias e consolações, não pelo gosto que nelas há, mas sim porque são causa de acréscimo desta devoção que nos habilita para bem obrar, como o significou o profeta quando disse: *Pelo caminho de teus mandamentos, Senhor, corri, quando dilataste meu coração*[71]; convém a saber, com a alegria da tua consolação, que foi causa desta ligeireza. Pois dos meios por onde se alcança esta devoção pretendemos agora aqui tratar; e, porque com esta virtude andam juntas todas as outras que têm especial familiaridade com Deus, por isso tratar dos meios por onde se alcança a perfeita oração e contemplação, as consolações do Espírito Santo, e o amor de Deus e a sabedoria do céu e aquela união de nosso espírito com Deus, que é o fim de toda a vida espiritual, é, finalmente, tratar dos meios por onde se alcança o próprio Deus nesta vida, que é aquele tesouro do Evangelho e aquela pérola preciosa por cuja posse o sábio mercador alegremente se desfez de todas as coisas. Por onde parece ser esta uma altíssima teologia, pois aqui se ensina o caminho para o sumo bem e passo por passo se arma uma escada para alcançar o fruto da felicidade, segundo que nesta vida se pode alcançar.

---

71. Sl 118.

❧ *Capítulo II* ❧

De nove coisas que ajudam a alcançar a devoção

Muitas são, pois, as coisas que ajudam a devoção; porque primeiramente faz muito ao caso tomar estes santos exercícios mui deveras e muito a peito, com um coração mui determinado e oferecido a tudo o que for necessário para conseguir esta pérola preciosa, por árduo e dificultoso que seja, porque é certo nenhuma coisa grande haver que não seja dificultosa e assim também o é esta, ao menos nos princípios.

Ajuda a isso também a guarda do coração de todo gênero de pensamentos ociosos e vãos, de todos os efeitos e amores peregrinos e de todas as turbações e movimentos apaixonados, pois está claro que cada coisa destas impede a devoção e que não menos convém ter o coração afinado para orar e meditar do que a viola para tanger.

Ajuda também a guarda dos sentidos, especialmente dos olhos e dos ouvidos e da língua, porque pela língua se derrama o coração e pelos olhos e ouvidos se enche de diversas imaginações, de coisas com que se perturba a paz e sossego da alma. Por onde com razão se diz que há de o contemplativo ser surdo, cego e mudo, porque quanto menos se derramar por fora tanto mais recolhido estará por dentro.

Ajuda, para isto mesmo, a soledade, porque não só tira aos sentidos e ao coração as ocasiões de distração e as ocasiões dos pecados, como também convida o homem a que more dentro de si mesmo e trate com Deus e consigo, movido pela oportunidade do lugar, que não admite outra companhia que esta.

Ajuda, outrossim, a leitura dos livros espirituais e devotos, porque dão matéria de consideração e recolhem o coração e despertam a devoção e fazem que o homem de boa mente pense naquilo que lhe soube docemente; mas antes sempre se representa à memória o que abunda no coração.

Ajuda a lembrança contínua de Deus, o andar sempre na sua presença, e o uso daquelas breves orações que Santo Agostinho chama *jaculatórias*[72], porque estas guardam a casa do coração e conservam o calor da devoção, como acima se argumentou. E assim se acha o homem a cada hora pronto para chegar-se à oração. Este é um dos principais documentos da vida espiritual e um dos maiores remédios para aqueles que nem têm tempo nem lugar para se darem à oração e muitíssimo aproveitará em pouco tempo o que trouxer sempre este cuidado.

Ajudam também a continuação e perseverança nos bons exercícios em seus tempos e lugares ordenados, maiormente à noite ou de madrugada, que são os tempos mais convenientes para a oração, como toda a Escritura nos ensina.

Ajudam as asperezas e abstinências corporais: a mesa pobre, a cama dura, o cilício e a disciplina e outras coisas semelhantes, porque todas estas coisas, assim como nascem de devoção, assim também despertam, conservam e acrescem a raiz de onde nascem.

Ajudam, finalmente, as obras de misericórdia, porque nos dão confiança para padecer diante de Deus e acompanham nossas orações com serviços, porque se não possam chamar de todo rogos secos e merecem que seja misericordiosamente recebida a oração, pois procede de misericordioso coração.

---

72. In Epist. ad Prob., cap. 10, et Epist. 121.

❧ Capítulo III ❧

De dez coisas que impedem a devoção

E, assim como há coisas que ajudam a devoção, assim também há coisas que a impedem, entre as quais a primeira são os pecados, não só os mortais, senão também os veniais, porque estes, ainda que não tirem a caridade, tiram o fervor da caridade, que é quase o mesmo que devoção; por onde razão é evitá-los com todo cuidado, já que não fosse pelo mal que nos fazem, ao menos pelo grande bem que nos impedem.

Impede também o remorso da consciência, que procede dos mesmos pecados (quando é demasiado), porque traz a alma inquieta, caída, desfalecida, e fraca para todo bom exercício.

Impedem também os escrúpulos, pela mesma causa, porque são como espinhos que pungem a consciência, a inquietam e não a deixam repousar e sossegar em Deus e gozar da verdadeira paz.

Impede também qualquer amargura e desgosto do coração e tristeza desordenada, porque com isto muito mal se pode compadecer o gosto e suavidade da boa consciência e da alegria espiritual.

Impedem, outrossim, os cuidados demasiados, os quais são aqueles mosquitos do Egito que inquietam a alma e não a deixam dormir esse sono espiritual que se dorme na oração, antes ali mais do que alhures a inquietam e divertem do seu exercício.

Impedem também as ocupações excessivas, porque ocupam o tempo e afogam o espírito, e assim deixam o homem sem tempo e sem coração para cuidar de Deus.

Impedem os regalos e consolações sensuais (quando o homem é excessivo nelas) porque aquele que se dá muito às consolações do mundo não merece as do Espírito Santo, como diz São Bernardo[73].

Impede o regalo no demasiado comer e beber, mormente as ceias longas, porque estas fazem muito má cama aos espirituais exercícios e às vigílias sagradas, porque, pesado e farto o corpo de alimento, muito mal aparelhada está a alma para voar ao alto.

Impede o vício da curiosidade, assim dos sentidos como do entendimento, que é querer ouvir e ver e saber muitas coisas e desejar coisas polidas, curiosas e bem lavradas, porque tudo isto ocupa o tempo, embaraça os sentidos, inquieta a alma e a derrama em muitas partes e assim impede a devoção.

Impede, finalmente, a interrupção de todos estes santos exercícios, se não é quando se deixam por causa de alguma necessidade piedosa ou justa, porque (como diz um doutor) é mui delicado o espírito da devoção, o qual, depois de ido, ou não volve, ou ao menos com muita dificuldade. E por isto, assim como as árvores e os corpos humanos querem suas regas e alimentos ordinários, e faltando isto logo desfalecem e desmedram, assim também o faz a devoção quando lhe falta a rega e alimento da consideração.

Tudo isto se há dito assim sumariamente, para que melhor se pudesse ter na memória e a sua confirmação poderá ver quem quiser, com o exercício e longa experiência.

---

73. Serm. 5 in Natali Dom.

❧ Capítulo IV ❧

Das tentações mais comuns que costumam fatigar os que se dão à oração e seus remédios

Será bem tratar agora das tentações mais comuns das pessoas que se dão à oração e de seus remédios, as quais, pela maior parte, são as seguintes: *As faltas das consolações espirituais. A guerra dos pensamentos importunos. Os pensamentos de blasfêmia e infidelidade. O temor desordenado. O sono demasiado. A desconfiança de aproveitar. A presunção de já estar muito aproveitado. O demasiado apetite de saber. O zelo indiscreto de aproveitar.* Estas são as tentações mais comuns que há neste caminho, cujos remédios são os seguintes:

PRIMEIRO AVISO

Primeiramente, para aquele a quem faltarem as consolações espirituais o remédio é que nem por isso deixe o exercício da oração acostumada, ainda que lhe pareça desenxabida e de pouco fruto, mas ponha-se na presença de Deus como réu e culpado, examine a sua consciência e olhe se porventura perdeu esta graça por sua culpa, suplique ao Senhor com inteira confiança lhe perdoe e alegue as riquezas inestimáveis da sua paciência e misericórdia em sofrer e perdoar a quem outra coisa não sabe senão ofendê-lo. Desta maneira tirará proveito da sua secura, tomando ocasião para mais se humilhar, vendo o muito que peca e para mais amar a Deus, vendo o muito que Ele lhe perdoa. E conquanto não ache gosto nestes exercícios, não desista deles, porque não se requer que seja sempre saboroso o que há de ser proveitoso. Ao menos isto se acha por experiência, a saber, que todas as vezes que o homem persevera na oração com um pouco de atenção e cuidado, fazendo calmamente o pouco que pode, ao cabo sai dali consolado e alegre, vendo que fez de sua parte algo do que estava em si. Muito faz, aos olhos de Deus, quem faz tudo o que pode, ainda quando pouco possa. Não olha Nosso Senhor tanto ao cabedal do homem quanto à sua possibilidade e vontade. Muito dá quem deseja dar muito, quem dá tudo o que tem, quem não deixa nada para si. Não é muita coisa o durar muito na oração, quando muita é a consolação. O muito é, quando a devoção é pouca, ser muita a oração e muito maior a humildade, a paciência e a perseverança no bem obrar.

Também é necessário nestes tempos andar com maior solicitude e cuidado do que nos outros, velando sobre a guarda de si mesmo e examinando com muita atenção seus pensamentos, palavras e obras; porque, como então nos falte a alegria espiritual (que é o principal remo desta navegação), é mister suprir com cuidado e diligência o que falta de graça. Quando assim te vires, hás de fazer de conta (como diz São Bernardo) que se te dormiram as sentinelas que te guardavam e que se te caíram os muros que te defendiam. E por isso toda a esperança de salvação está nas armas, pois já não te há de defender o muro, senão a espada e a destreza no pelejar. Oh! Quanta é a glória da alma que desta maneira batalha, que sem escudo se defende, que sem armas peleja, sem fortaleza é forte e achando-se sozinha na batalha toma o esforço e ânimo por companhia!

Não há maior glória no mundo do que imitar nas virtudes o Salvador. E entre as suas virtudes conta-se por mui principal o haver Ele padecido o que padeceu, sem admitir em sua alma nenhum gênero de consolo. De maneira que quem assim padecer e pelejar, tanto maior imitador de Cristo será quanto mais carecer de todo gênero de consolo. E isto é beber o cálice da obediência, puro, sem mistura de outro licor. Este é o toque principal em que se prova a fineza dos amigos, se são verdadeiros ou não o são.

SEGUNDO AVISO

Contra a tentação dos pensamentos importunos que costumam combater-nos na oração, o remédio é pelejar varonil e perseverantemente contra eles, embora esta resistência não deva ser com demasiada fadiga e aflição de espírito, porque não é este negócio tanto de força quanto de graça e humildade. E por isto, quando o homem se achar desta maneira, deve voltar-se para Deus sem escrúpulo e sem angústia (pois isto, ou não é culpa ou o é mui leve), e com toda humildade e devoção dizer-lhe: "Vedes aqui, Senhor meu, quem sou eu, e que se esperava deste monturo senão semelhantes olores? Que se esperava desta terra que vós amaldiçoastes, senão sarças e espinhos? Este é o fruto que ela pode dar, se vós, Senhor, não a alimpardes". E, dito isto, torne a atar seu fio como antes, e espere com paciência a visitação do Senhor, que nunca falta aos humildes. E, se ainda te inquietarem os pensamentos, e ainda perseverantemente lhes resistires e fizeres o que está em ti, deves ter por certo que muita mais terra ganhas nesta resistência do que se estivesses gozando de Deus a todo sabor.

TERCEIRO AVISO

Para remédio das tentações de blasfêmia é de saber que, assim como nenhuma espécie de tentações é mais penosa do que esta, assim também não há nenhuma menos perigosa, assim o remédio é não fazer caso destas tentações, pois o pecado não está no sentimento e sim no consentimento e no deleite, o qual aqui não há, antes pelo contrário; e assim, mais se pode chamar isto pena do que culpa, porque quão longe está o homem de receber alegria com estas tentações, tão longe está de ter culpa nelas. E por isso o remédio (como disse) é desprezá-las e não as temer; porque, quando demasiadamente se temem, o próprio temor as desperta e as levanta.

QUARTO AVISO

Contra as tentações de infidelidade, o remédio é que, lembrando-se o homem, por um lado, da pequenez humana, e, por outro, da grandeza divina, pense no que Deus lhe manda e não seja curioso em querer esquadrinhar-lhe as obras, pois vemos que muitas delas excedem todo o nosso saber. E, portanto, quem quiser entrar neste santuário das obras divinas há de entrar com muita humildade e reverência, levar consigo olhos de pomba singela e não de serpente maliciosa e coração de discípulo e não de juiz temerário. Faça-se como criança pequena, porque a esses ensina Deus seus segredos. Não cure de saber o porquê das obras divinas, feche os olhos da razão e abra só os da fé, porque estes são os instrumentos com que se hão de tentear as obras de Deus. Para olhar as obras humanas, muito bom é o olho da razão humana; mas para olhar as divinas não há coisa mais desproporcionada que ele. Mas, porque ordinariamente esta tentação é ao homem penosíssima, o remédio é o da passada, que é não fazer caso dela, pois mais é esta uma pena que culpa, porque não pode haver culpa naquilo em que a vontade está contrária, como ali se declarou.

QUINTO AVISO

Alguns há que são combatidos por grandes temores e fantasias quando se afastam sós, de noite, para orar. Contra esta tentação o remédio é fazer-se o homem força e perseverar no seu exercício; porque, fugindo, cresce o temor, e, pelejando, a ousadia. Aproveita também considerar que nem o demônio nem outra coisa é poderosa para nos fazer mal, sem licença de Nosso Senhor. Também aproveita considerar que temos ao nosso lado o anjo de nossa guarda, e na oração melhor que em outra parte, porque ali assiste ele para nos ajudar a levar nossas orações ao céu e defender-nos do inimigo, que nos não possa este fazer mal.

SEXTO AVISO

Contra o sono demasiado, o remédio é considerar que ele umas vezes procede de necessidade, e então o remédio é não negar ao corpo o que é seu, para que nos não impeça ele o que é nosso. Outras vezes procede de enfermidade, e então não deve o homem afligir-se por isso, pois não tem culpa, nem tampouco deve deixar-se de todo vencer, mas fazer de sua parte o que calmamente puder, para que de todo não se perca a oração, sem a qual não temos segurança nem alegria verdadeira nesta vida. Outras vezes nasce o sono de preguiça ou do demônio, que o provoca. Então o remédio é o jejum, não beber vinho, beber pouca água, ficar de joelhos, em pé ou em cruz e não arrimado, fazer alguma disciplina ou outra qualquer aspereza que desperte e punja a carne.

Finalmente, o único e geral remédio assim para este mal como para os outros, é pedi-lo Àquele que está preparado para dar, se houver quem sempre lhe queira pedir.

SÉTIMO AVISO

Contra as tentações da desconfiança e da presunção, que são vícios contrários, forçoso é que haja diversos remédios. Para a desconfiança, o remédio é considerares que este negócio não se há de alcançar só por tuas forças, senão pela divina graça, a qual tanto mais depressa se alcança quanto mais o homem desconfia de sua própria virtude e confia só na bondade de Deus, a quem tudo é possível.

Para a presunção o remédio é considerar não haver indício mais claro de estar o homem mui longe do que crer que está mui perto, porque neste caminho os que vão descobrindo mais terra, esses se dão maior pressa por verem o muito que lhes falta; e por isso nunca fazem caso do que têm, em comparação do que desejam. Mira-te, pois, como num espelho, na vida dos santos e nas de outras pessoas assinaladas que agora vivem em carne, e verás que és ante eles como um anão em presença de um gigante e assim não presumirás.

OITAVO AVISO

Contra a tentação do demasiado apetite de saber e de estudar, o primeiro remédio é considerar quão mais excelente é a virtude que a ciência, e quanto mais excelente a sabedoria divina do que a humana, para que por aqui veja o homem quanto mais se deve ocupar nos exercícios por onde se alcança uma do que a outra. Tenha a glória da sabedoria do mundo as grandezas que quiser, que no final se acaba esta glória com a vida. Pois, que coisa pode ser mais miserável do que adquirir com tanto trabalho o que tão pouco se há de gozar? Tudo o que aqui podes saber é nada. E, se te exercitares no amor de Deus, depressa o irás ver, e nele verás todas as coisas. "E no dia do juízo não nos perguntarão que foi que lemos, senão que foi que fizemos; nem quão bem falamos ou pregamos, mas quão bem obramos"[74].

NONO AVISO

Contra a tentação do indiscreto zelo de aproveitar a outros, o principal remédio é que de tal maneira trabalhemos no proveito do próximo, que não seja com prejuízo

---

74. Kempis, lib. 1º.

nosso. E que de tal maneira trabalhemos nos negócios das consciências alheias que tomemos tempo para as nossas, o qual há de ser tanto que baste para trazer continuamente o coração devoto e recolhido, porque isto é andar em espírito, como diz o Apóstolo, que é andar o homem mais em Deus do que em si mesmo. Pois como isto seja raiz e princípio de todo o nosso bem, todo o nosso trabalho há de ser procurar ter oração tão longa e tão profunda, que baste para trazer sempre o coração com esta maneira de recolhimento e de devoção, para o que não basta qualquer maneira de recolhimento e oração, mas mister se torna que seja mui longa e mui profunda.

✑ Capítulo V ✑

De alguns avisos necessários para os que se dão à oração

PRIMEIRO AVISO

Uma das coisas mais árduas e dificultosas que há nesta vida é saber ir a Deus e tratar familiarmente com Ele. E por isto não se pode este caminho andar sem alguma boa guia, nem tampouco sem alguns avisos para se não perder nele, e por isto será necessário apontar aqui alguns com a nossa costumeira brevidade. Entre os quais, o primeiro seja acerca do fim que nestes exercícios se há de ter. Para o que, é de saber que (como esta comunicação com Deus seja coisa tão doce e tão deleitável, segundo diz o sábio) daqui nasce que muitas pessoas, atraídas pela força desta maravilhosa suavidade (que excede tudo o que se pode dizer), se chegam a Deus e se dão a todos os exercícios espirituais, assim de leitura como de oração e uso de sacramentos, pelo gosto grande que acham neles, de tal sorte que o principal fim que a isto as leva é o desejo dessa maravilhosa suavidade. Mui grande e mui universal engano é este, no qual caem muitos. Porque como o principal fim de todas as nossas obras haja de ser amar a Deus e a Deus buscar, isto mais é amar a si e a si buscar, convém saber o seu próprio gosto e contentamento, que é o fim que os filósofos pretendiam em sua contemplação. *E isto é também* (como diz um doutor) *uma espécie de avareza, luxúria e guia espiritual, que não é menos perigosa do que a outra sensual.*

E, o que é mais, deste mesmo engano segue-se outro não menor, que é julgar o homem a si e aos outros por estes gostos e sentimentos, crendo que tem cada um tanto mais ou menos perfeição quanto mais ou menos goza ou não goza de Deus, o que é um engano muito grande. Pois contra estes dois enganos serve este aviso e regra geral: entenda cada um que o fim de todos estes exercícios e de toda a vida espiritual é a obediência aos mandamentos de Deus e o cumprimento da divina vontade, para o que é necessário morra a vontade própria, para que assim viva e reine a divina, pois é tão contrária a ela.

E, porque tão grande vitória como esta não se pode alcançar sem mui grandes favores e mimos de Deus, por isto principalmente se há de exercitar a oração, para que por ela se alcancem estes favores e se sintam estes mimos para sair-se bem nesta empresa. E destarte e para tal fim se possam pedir e procurar os deleites da oração (segundo acima dissemos) como os pedia Davi quando dizia: *Restitui-me, Senhor, a alegria de tua salvação, e confirma-me com teu espírito principal*[75]. Pois conforme a isto entenderá o homem qual deva ser o fim que deve ter nestes exercícios, e por aqui também entenderá por onde há de estimar e medir o seu aproveitamento e o dos outros, convém saber, não pelos gozos que houver recebido de Deus, senão pelo que por Ele houver padecido, assim por fazer a vontade divina como por negar a própria.

Que este tenha de ser o fim de todas as nossas leituras e orações, para isto não quero trazer mais argumentos do que aquela divina oração ou salmo: *Beati immaculati in via*[76], que tendo cento e setenta e sete versos (porque é o maior do Saltério), não se achará nele um só que não faça menção da lei de Deus e da guarda de seus mandamentos, o que quis o Espírito Santo assim fosse, para que por aqui claramente vissem os homens como todas as suas orações e meditações se haviam de ordenar em todo e em parte a

---

75. Sl 50.

76. Sl 118.

este fim, que é a obediência e guarda da lei de Deus, e tudo o que vai fora daqui é um dos mui sutis e mais especiosos ardis do inimigo, com o qual ele faz crer aos homens que eles são alguma coisa, não o sendo. Pelo que, dizem muito bem os santos que a verdadeira prova do homem não é o gosto da oração, senão a paciência da tribulação, a abnegação de si mesmo e o cumprimento da divina vontade, ainda que para tudo isto grandemente aproveite assim a oração como os gostos e consolações que nelas se dão.

Pois conforme a isto, quem quiser ver quanto há aproveitado neste caminho de Deus, olhe *quanto cresce cada dia em humildade interior e exterior. Como sofre as injúrias dos outros? Como sabe relevar as fraquezas alheias? Como acode às necessidades de seus próximos? Como se compadece, e não se indigna, contra os defeitos alheios? Como sabe esperar em Deus no tempo da tribulação? Como governa sua língua? Como guarda seu coração? Como traz domada sua carne com todos os seus apetites e sentidos? Como se sabe valer nas prosperidades e adversidades? Como se repara e provê em todas as coisas com gravidade e discrição?* E sobre tudo isto, *olhe se está morto ao amor da honra, do prazer, do mundo e segundo o que nisto houver aproveitado ou desaproveitado assim se julgue e não segundo o que sente ou não sente de Deus.* E por isto sempre há de ter ele um olho, o mais principal, na mortificação e o outro na oração, porque essa própria mortificação não se pode perfeitamente alcançar sem o socorro da oração.

SEGUNDO AVISO

E, se não devemos desejar consolações e deleites espirituais só para parar neles e sim pelos proveitos que nos causam, muito menos se devem desejar visões ou revelações ou arroubos e coisas semelhantes, que mais perigosas podem ser aos que não estão fundados em humildade. E não tenha o homem medo de ser nisto desobediente a Deus, porque quando Ele quer revelar algo, sabe descobri-lo por tais modos, que, por mais que o homem fuja, Ele lho certificará de maneira que ele não possa duvidar, mesmo que queira.

TERCEIRO AVISO

Deve, igualmente, ser avisado em calar os favores e mimos que Nosso Senhor lhe fizer, a não ser só ao seu mestre espiritual. Pelo que, diz São Bernardo que o varão devoto deve ter na cela escritas estas palavras[77]: *Meu segredo para mim, meu segredo para mim.*

QUARTO AVISO

Também deve o homem ter aviso de tratar com Deus com a maior humildade e reverência que lhe seja possível, de maneira que nunca deve a alma estar tão animada e favorecida de Deus, que não volva os olhos para dentro de si e mire a sua vileza e encolha suas asas e se humilhe diante de tão grande majestade, como o fazia Santo Agostinho, de quem se diz que *aprendera a alegrar-se na presença de Deus com temor*[78].

QUINTO AVISO

Dissemos acima que o servo de Deus deve trabalhar por ter seus tempos marcados para cuidar de Deus, pois, além deste ordinário de cada dia, deve desocupar-se a tempos de todo gênero de negócios, mesmo que sejam santos, para se entregar de todo aos exercícios espirituais e dar à sua alma um abundante pábulo com o que se repare o que com os defeitos de cada dia se gasta e se cobrem novas forças para passar adiante. E conquanto isto se deva fazer noutros tempos, mais especialmente se deve fazer nas festas principais do ano e nos tempos de tribulações e trabalhos e depois de alguns caminhos longos e de alguns negó-

---

77. Serm. 23 sup. cant. 4.

78. Em sua *Vida.*

cios que causaram distração e derramamento no coração, para tornar a recolhê-lo.

SEXTO AVISO

Alguns há também que têm pouco tento e discrição em seus exercícios, quando tudo lhes vai bem com Deus. Aos quais a sua própria prosperidade vem a ser ocasião do seu perigo. Porque há muitos, a quem parece que se lhes dá esta graça a mancheias, os quais, como acham tão suave a comunicação do Senhor, a ela se entregam tanto e alongam tanto os tempos da oração e as vigílias e asperezas corporais, que a natureza, não podendo sofrer continuamente tanta carga, vem a dar com ela em terra.

De onde nasce que muitos vêm a estragar o estômago e a cabeça, com o que se fazem inábeis não só para os outros trabalhos corporais, como também para esses mesmos exercícios de oração.

Pelo que, convém ter muito tento nestas coisas, mormente nos princípios, onde os fervores e consolações são maiores, e a experiência e discrição menos, para que de tal modo tratemos a maneira do caminhar que não faltemos a meio do caminho.

Outro extremo contrário é o dos animados, que sob pretexto de discrição furtam o corpo aos trabalhos, o que, embora em todo gênero de pessoa seja mui danoso, muito mais o é nos que começam, porque, como diz São Bernardo, *impossível é perseverar muito na vida religiosa o que, sendo noviço, já é discreto*[79]; sendo principiante, quer ser prudente, e sendo ainda novo e moço começa a tratar-se e regalar-se como velho.

---

79. Ad frates de Mont.

E não é fácil julgar qual destes dois extremos seja mais perigoso, senão que a indiscrição (como diz muito bem Gerson) é mais incurável, porque enquanto o corpo está são há esperança de poder haver remédio, mas depois de estragado com a indiscrição mal se pode remediar.

SÉTIMO AVISO

Outro perigo há também neste caminho, e porventura maior do que todos os passados, o qual é o de muitas pessoas que, depois que algumas vezes experimentaram a virtude inestimável da oração e viram por experiência como dela depende todo o concerto da vida espiritual, parece-lhes que ela sozinha é tudo e que ela sozinha basta para os pôr a salvo, e assim vêm a esquecer-se das outras virtudes e afrouxar em tudo o mais. De onde também procede que, como todas as outras virtudes ajudam esta virtude, faltando o fundamento também falta o edifício; e assim, quanto mais o homem procura esta virtude, tanto menos pode consegui-la.

Por isto, pois, deve o servo de Deus pôr os olhos, não numa virtude só, por grande que seja, mas em todas as virtudes; porque assim como na viola uma só voz não faz harmonia se não soam todas, assim também uma só virtude não basta para fazer esta espiritual consonância se todas não respondem com ela. E, assim como um relógio, se se embaraça um só ponto, para todo, assim também acontece no relógio da vida espiritual, se sequer uma só virtude falta.

OITAVO AVISO

Aqui também convém avisar que todas estas coisas que até aqui se hão dito para ajudar a devoção devem tomar-se como uns preparativos com que o homem se dispõe para a divina graça, ocupando-se diligentemente neles, deles tirando a confiança, e pondo-a só em Deus. Digo isto porque há algumas pessoas que fazem uma como que arte de todas estas regras e documentos, parecendo-lhes que assim como quem aprende um ofício, guardadas bem as regras dele, por virtude delas sairá logo bom oficial, assim também quem estas regras guardar, por virtude delas logo alcançará o que deseja, sem olhar a que isto é fazer da graça arte e atribuir a regras e artifícios humanos o que é pura dádiva e misericórdia do Senhor.

Pois por isto convém tomar estes negócios, não como coisa de arte, senão como de graça, porque tomando-o desta maneira saberá o homem que o principal meio que para isto se requer é uma profunda humildade e conhecimento de sua própria miséria com grandíssima confiança na divina misericórdia, para que do conhecimento de um e doutro procedam sempre contínuas lágrimas e orações, com as quais, entrando o homem pela porta da humildade, alcance o que deseja por humildade, com humildade o conserve e com humildade o agradeça, sem ter nenhum indício de confiança nem em sua maneira de exercícios nem em coisa que seja sua.

FIM DO LIVRO DA ORAÇÃO

Breve introdução
Para os que começam a servir a Nosso Senhor

Assim como todas as artes humanas têm seus princípios e elementos, que são como um ABC de onde começam, assim também os tem o caminho de Deus (que é arte das artes e fim de toda a nossa vida) e estes bem será assinalar aqui brevemente para os que de novo querem entrar nele. E porque os começos das coisas hão de ser dos mais fáceis, daqui será razão que comecemos apontando alguns exercícios espirituais que, por serem mui fáceis de cumprir, são como um leite de nutrimento desta vida espiritual, porque assim como o peixe se conserva na água, assim a vida espiritual com exercícios espirituais.

Entre estes, o primeiro seja que, assim que o homem se determinar a servir a Deus e deixar o mundo, *faça logo uma confissão geral de todas as culpas da vida passada.* Para o que, deve tomar alguns dias antes, nos quais, discorrendo por todas as idades da vida passada e por todos os mandamentos da lei divina, examine com dor e amargura de seu coração tudo o que disse, fez ou pensou contra Deus, contra seu próximo e contra si mesmo, para confessá-lo inteiramente ao seu próprio confessor, aproveitando-se nisto da pena e da tinta para poder melhor ajudar a fraqueza da memória. E aqui deve o bom mestre ensinar ao seu discípulo a maneira de confessar-se e examinar-se e preparar-se para a confissão, assim para esta geral como para as outras ordinárias que mais a miúdo se deverão fazer. Porque não é de todos o saber-se conhecer, nem tampouco saber-se confessar frutuosamente, se não são avisados e ensinados nesta parte.

Em segundo, deve aconselhar-lhe que neste tempo se exercite nas meditações acima postas, especialmente nas da primeira semana (que são mais acomodadas para este tempo), procurando por meio delas inclinar seu coração à dor e aborrecimento dos pecados, temor de Deus e desprezo do mundo. E aqui grande oportunidade se oferece ao mestre para tratar do exercício da oração e meditação, e explicar todos os avisos acima escritos, nos quais convém esteja mui resoluto para os dar a comer e sabê-los bem ensinar, de tal maneira que de bom mestre saia o discípulo bem ensinado.

Em terceiro, deve ensinar-lhe com quanta reverência e com que devoção se há de preparar um dia ou dois antes para a sagrada comunhão e com quanto temor e tremor se há de chegar a ela e com quanta devoção se há de recolher depois dela, para abraçar o Senhor que recebeu e prostrar-se a seus pés e dar-lhe graças por tal hospedagem, tal visitação e tal benefício. E de igual arte lhe ensine quão recolhido e quieto há de estar naquele dia e no dia precedente, e em que gênero de leituras, meditações e orações se há de ocupar para melhor se preparar para este mistério e aproveitar-se dele.

Em quarto, ensine-lhe a maneira como se há de haver em todos os lugares e tempos, e em todas as outras obras exteriores. Com quanta temperança e honestidade há de tomar refeição na mesa. Com quanta devoção e acatamento há de estar na missa (e onde quer que estiver o Santíssimo Sacramento). Com quanta atenção e devoção deverá assistir aos Ofícios Divinos, primeiramente para eles se preparando com oração e recolhimento de coração, pelejando fortemente neles contra todas as importunas imaginações do inimigo, que mais ali que noutra parte nos combatem.

Ensine-lhe também quão composto deverá de ser em seus movimentos, quão modesto nos olhos, quão considerado nas palavras, quão temperado nos risos, quão humilde para com os maiores, quão benigno para com os menores, quão cortês para com seus iguais, quão humano para com os pobres, quão piedoso para com os enfermos e como não deverá ser precipitado nem inconsiderado em todas as suas coisas.

Ensine-lhe também como há de andar na presença de Deus, trazendo-o sempre ante os olhos *como juiz e testemunha de sua vida, fazendo todas as coisas com aquele mesmo tento e religião com que as faria se realmente o tivesse diante.*

E do mesmo modo lhe ensine como deve andar sempre *encerrado e escondido dentro de seu coração* e como deve procurar em todo lugar e tempo e em todo gênero de negócios furtar o coração e elevá-lo a Deus com alguma breve oração, tomando motivo para isto de todas quantas coisas ouvir e vir, como fazem as abelhas, que de todas as flores tiram algo para fazerem o seu mel. E particularmente é mui louvável conselho que, à imitação do Apóstolo São Bartolomeu, muitas vezes entre dia e noite, fincado de joelhos ou em pé, ou como puder, faça oração a Deus, e postas as mãos se ofereça a si mesmo, com todos os seus desejos, a Nosso Senhor, pedindo-lhe seu amor e graça, ainda que isto não seja mais que por um credo ou dois; porque desta devoção muitas vezes se segue mais proveito do que o pode alguém pensar. Isto serve para que no altar de nosso coração sempre haja fogo, procurando atiçá-lo com todas estas considerações e palavras devotas que são como nutrimento da devoção e amor de Deus; e quando alguma vez o pensamento se lhe dispersar, deve recolhê-lo e reduzi-lo ao interior, não com aflição e desassossego (como se costuma fazer), senão amorosa e devotamente; porque com o fogo do Divino Amor se desfazem e consomem todas estas negligências, como dizem os santos. E então, tornado a si mesmo, poderá repreender-se mansamente, dizendo: *Aonde me fui, ó bom Jesus? Por que me apartei de ti? Onde te foste voando, minha alma? Que trazes de lá senão dissipação e tibieza? Não sabes que o Senhor está com os que estão consigo e se afasta dos que se afastam do seu coração?*

E, conquanto em todo tempo deva o homem, quanto lhe seja possível, trazer consigo este cuidado, mas assinaladamente pela manhã em despertando, trabalhe por fechar a porta a todo gênero de pensamentos terrenos e ocupar a pousada com a memória de Nosso Senhor, oferecendo-lhe logo as primícias do dia. E poderá neste tempo fazer três coisas: *a primeira*, dar-lhe graças, porque lhe deu aquela noite quieta e o livrou dos fantasmas e embustes do inimigo e por todos os outros benefícios, como é da criação, conservação, vocação, redenção, etc.; *a segunda*, ofereça-lhe tudo quanto naquele dia fizer, padecer, e trabalhar, todos os passos e exercícios em que se ocupar, e igualmente também se ofereça com todas as suas coisas, para que tudo seja para glória dele e de tudo isso faça Ele o que for sua santa vontade, como de coisa sua; *a terceira*, peça-lhe graças para não fazer naquele dia coisa que seja em ofensa de sua majestade e principalmente lhe peça favor contra todos aqueles vícios de que se sente mais tentado, contra eles se arme com forte determinação e circunspecção e com isto diga a oração do *Pai-nosso* e da *Ave-Maria*, devagar, devotamente.

À noite, antes de se deitar, entre consigo em juízo, tome-se conta de tudo o que naquele dia fez ou disse ou pensou contra a lei de Deus, das negligências e tibieza que teve em seu serviço e do esquecimento dele. E dita com devoção a confissão geral com um *Pater Noster* e uma *Ave-Maria*, peça perdão do malfeito e graça para a emenda dele.

Quando se deitar, ponha-se na cama *do jeito como estará na sepultura*, considere um pouco a figura que ali há de ter o seu corpo e reze sobre si um responso ou um *Pater Noster* ou uma *Ave-Maria* como sobre um defunto.

Todas as vezes que acordar de noite, seja com um *Glória Patri*, etc., ou *Jesu nostra Redemptio*, etc., ou com outra semelhante; e todas as vezes que o relógio der a hora, diga: "Bendita seja a hora em que meu Senhor Jesus Cristo por mim nasceu e morreu; Senhor, na hora de minha morte lembra-te de mim". E pense então *como já tem uma hora menos de vida e que pouco a pouco se acabará de andar esta jornada.*

Quando se assentar à mesa; pense como é Deus quem lhe dá de comer e quem criou todas as coisas para seu serviço, e dê-lhe graças pela comida que lhe dá, olhe a quantos falta o que a si sobra, e com quanta facilidade possui o que outros alcançaram com tanto trabalho e perigo.

Quando for tentado do inimigo, o maior remédio é *correr com grandíssima ligeireza à cruz e olhar ali Cristo dilacerado, desconjuntado e desfigurado, manando rios de sangue, e lembrar-se de que a principal causa por que Ele ali se pôs foi para destruir o pecado e suplicar-lhe-á com toda devoção não permitir Ele que reine em nossos corações coisa tão abominável, e que Ele com tantos trabalhos procurou destruir.* E assim dirá de todo o coração: *Senhor, como aí vos pusestes para que eu não pecasse, e isso não baste para me afastar de pecar! Não o permitais, Senhor, por essas sacratíssimas chagas; não me desampareis, meu Deus, pois me venho a Vós; senão, mostrai-me outro melhor porto onde me possa abrigar. Se Vós me desampardes, que será de mim? Aonde irei? Quem me defenderá? Ajudai-me, Senhor meu Deus, e defendei-me deste dragão, pois nada posso sem Vós.* E será muito bem, às vezes, fazer a muita pressa o sinal da cruz em cima do coração, se estiver em parte em que o possa fazer sem ser notado. Desta sorte ser-lhe-ão as tentações ocasião de maior coroa, de que mais vezes ao dia levante seu coração a Deus e de que assim o demônio, que vinha *buscar lã*, saia, como dizem, *tosquiado*. Este é, cristão leitor, o leite dos que começam: ouve agora no seguinte capítulo a suma de toda esta espiritual doutrina.

De três coisas que deve fazer quem quiser aproveitar muito em pouco tempo

Quem em pouco tempo quiser aproveitar muito, mediante a graça de Nosso Senhor, há de ser solícito nestas três coisas:

A primeira, na aspereza e maltrato da sua carne, na vileza e aspereza e temperança do comer e beber, no vestir, na cama e em todas as coisas que usar; em estar de joelhos ou em pé ou em cruz ou prostrado na oração; em tomar disciplinas, em trazer cilícios, em jejuns e sobretudo nas vigílias santas em oração. E em tudo se há de olhar a que se aflija a carne e não se amofine o espírito, nem se faça dano à saúde corporal. E por isto cumpre seja com conselho de seu mestre espiritual, se o tiver, e, se o não tiver, de outra pessoa mui espiritual e mui penitente e exemplar. E porque mui poucos sentem a perfeição senão como a operam, se ainda isto não houver, ajude-se de sua boa discrição, fundada em Nosso Senhor, e não no saber da carne, que o regalo finge ser discreto, e vá experimentando as coisas, porque a experiência com a oração e pura intenção lhe irá dando lume do que deve fazer.

A segunda e mais principal, convém que seja solícito na mortificação interior de si mesmo e de seus apetites e sensuais inclinações, na abnegação de sua própria vontade para cumprir a divina e a de seus maiores, a quem deve obediência; e a de seu mestre espiritual, se o tiver, e no exercício das virtudes interiores e exteriores, quando lhe for necessário, ou a caridade do próximo ou de si mesmo lhe obrigar, ou Nosso Senhor de dentro a isso o convidar, ainda que seja sem obrigação de preceito.

A terceira, há de ser solícito na contínua oração, porque é impossível a nós crucificar nossa carne e muito mais impossível a mortificação interior e a negação de nós mesmos e o exercício das virtudes (por ser acima da nossa natureza), senão mediante a graça de Nosso Senhor, ao qual facílimo é obrar em nós sobre toda natureza, o que Ele fará se instantemente lho pedirmos. E pois somos pobres e não temos força para trabalhar, se quisermos ser ricos de dons celestiais, necessários nos é mendigar a quem nunca cessará de nos dar se não cessarmos de lhe pedir. E, por isto, o que quiser enriquecer-se destes dons, e sobretudo possuir a Deus por graça singular, deve ter seus tempos destinados para a oração e às vezes alongá-los (como dito é), e andar sempre na presença do Senhor, como já dissemos.

Estas três coisas são as que principalmente deve procurar o servo de Deus, se quiser ser puríssimo e perfeitíssimo holocausto dele. Porque, guardadas estas três coisas, todo homem fica reformado com todas as suas partes, que são: espírito, alma e carne. Porque com os jejuns e asperidades corporais santifica-se a carne, com a mortificação e abnegação de todos os apetites purifica-se a alma, e com a oração aperfeiçoa-se o espírito, o qual, achegando-se a Deus, faz-se uma só coisa com Ele, que é a sua última perfeição.

Mas aqui é de notar que para a perfeição deste holocausto ainda faltam duas coisas, porque no corpo há *sentidos* e na alma *imaginação* e *pensamentos*, por onde a estas três coisas devemos acrescentar outras duas, que são a guarda dos sentidos, convém saber, dos olhos e dos ouvidos, e muito mais da língua, que é a *chave de tudo*, e a guarda do coração ou da imaginação, para que não ande solta e livre, discorrendo por onde quiser, mas esteja sempre atada a santas considerações e pensamentos. Porque, como diz São Bernardo, *não basta ao varão devoto ter refreados seus afetos, se refreada não tem também e recolhida a sua imaginação*[80].

---

80. *De Deo orand.*

E para reduzir todas estas coisas a alguma ordem, mui entendido hás de ter que tal ficou pelo pecado o coração do homem para bem obrar, como a terra para frutificar. Vemos, pois, que para isto a terra tem necessidade de duas coisas, a saber: *de água e orvalho do céu, e de trabalho e agricultura do homem.* Sem estas duas coisas, a terra de seu não dá mais do que sarças e espinhos. Pois assim haverás de entender que o nosso coração, depois do pecado, não dá de seu mais do que aqueles espinhos que diz o Apóstolo: *Manifestas são as obras da carne, que são: fornicação, impureza, desonestidade, iras, contendas, rivalidades, invejas, discórdias, seitas*[81], etc. Mas, se há de dar fruto de vida eterna, há de ser com trabalho e suor de nosso rosto e também com água e orvalho do céu. Para o primeiro serve o castigo da carne, a guarda dos sentidos, a mortificação de nossos apetites e o recolhimento de nossa imaginação, que é como uma agricultura e labor espiritual; mas para o segundo servem os sacramentos e a oração, porque os sacramentos têm virtude para dar essa água do céu, que é a graça, e a oração tem por ofício pedi-la, e assim lhe corresponde por prêmio alcançá-la. E desta maneira, intervindo a graça de Deus e o trabalho do homem, dá fruto de bênção esta terra de maldição, supondo que também este nosso trabalho não carece de graça, pois tudo o que é bom é de Deus.

Por onde parece que a vida de verdadeiro e perfeito cristão (se a quiser alguém abreviar) é continuamente orar e trabalhar e que por conseguinte dois pés são mui necessários para este caminho, um de trabalho e outro de oração, confiando o homem em Deus e trabalhando constantemente por seu amor, de tal maneira que nem pela demasiada confiança em Deus se deite a dormir, nem pela demasiada confiança em seus trabalhos menospreze o socor-

---

81. Gl 5,19.

ro da divina graça (como fizeram os pelagianos), senão, como costumam dizer, *com o malho dando e a Deus chamando*.

Por aqui poderá cada qual entender não ser a vida cristã outra coisa senão *uma perpétua cruz e uma perpétua oração*. E quando digo cruz entendo-a universalmente de todo o homem, de todas as partes dele, pois todas ficaram pelo pecado aleijadas e têm necessidade de faca e reforma. De maneira que é necessária uma cruz para o corpo e outra para os olhos, outra para os ouvidos, outra para a língua, outra para os afetos e apetites e outra para a imaginação. Todas estas cruzes são necessárias, e este é o suplício e a morte que nossa alma há de abraçar e eleger, para que, morta para a vida do primeiro Adão, viva a vida do segundo. Sem esta cruz, coisa nenhuma valem todas as nossas orações, senão para vivermos mais enganados, de maneira que nem aproveita o trabalho sem a oração, porque não será duradouro, nem a oração sem o trabalho, porque não será frutuosa. Com estas duas virtudes seremos templo vivo de Deus, que tinha dois lugares, um de sacrifício e outro de oração. Com estas iremos ao monte da mirra e à colina do incenso, subindo pela encosta do monte, isto é, pela doçura da oração à amargura da mortificação.

Clássicos da Espiritualidade

Confira outros títulos da coleção em

livrariavozes.com.br/colecoes/classicos-da-espiritualidade

ou pelo Qr Code